안중근의 마지막 유언

안중근의
마지막 유언

1판1쇄 발행 2017년 1월 31일
1판5쇄 발행 2019년 8월 26일

지 은 이   문영숙
펴 낸 이   김형근
펴 낸 곳   서울셀렉션㈜
편   집   김유진
디 자 인   정현영

등   록   2003년 1월 28일(제1-3169호)
주   소   서울시 종로구 삼청로 6 출판문화회관 지하 1층 (우110-190)
편 집 부   전화 02-734-9567 팩스 02-734-9562
영 업 부   전화 02-734-9565 팩스 02-734-9563
홈페이지   www.seoulselection.com

ⓒ 2017 문영숙

ISBN 978-89-97639-68-7 73810

책 값은 뒤표지에 있습니다.
잘못된 책은 구입하신 서점에서 바꾸어 드립니다.

* 이 책의 내용과 편집 체재의 무단 전재 및 복제를 금합니다.

차례

1910년 3월 26일, 그날　7

고등법원장 히라이시 요시토의 연회　15

이토 히로부미의 속셈　23

코레아 우라!　40

코코프체프의 불안　47

밀레르 검사의 심문　59

러시아, 손을 털다　68

미조부치 검찰관의 심문　76

뤼순 감옥으로　90

사카이 경시의 심문　103

안응칠 역사　112
    소년 시절　112
    청년 시절　116
    천주교에 입교하다　121

아버지의 일　134
독립운동을 위한 모색　140
러시아 연해주로 가다　146
깨어라, 동포들이여!　151
항일 독립 투쟁　160
약지손가락 첫째 마디를 끊다　172
이토 격살 특파대　175

관동도독부 1호 법정　183

항소를 거부하다　206

미완의 《동양평화론》　215

마지막 유언　226

오늘, 대한민국　233

작가의 말　237
안중근 연보　243

1910년 3월 26일, 그날

　1910년 3월 26일 오전 10시 4분, 나는 이승에서 마지막 날숨을 쉬고 다시는 들숨을 쉴 수 없었다. 숨이 멎은 후, 나는 몸에서 홀연히 빠져나와 아지랑이처럼 허공으로 흩어졌다. 한없이 가벼운 깃털처럼 천천히 비행하다가 갑자기 격렬하게 소용돌이치며 휘돈 순간, 바로 아래 조금 전에 빠져나온 내 몸이 선명하게 보였다.

　흰 수의를 입은 내 몸은 눈을 감고 입술을 굳게 다문 채 소나무 관에 누워 있었다. 나는 내 몸 위를 쓰다듬듯 머리끝에서 발끝까지, 스치듯 아래에서 위로 날다가, 박동을 멈춘 심장과 더는 표정을 지을 수 없는 차디찬 얼굴 위에 한참씩 머물러 보았다. 나는 내 몸을 다시는 입을 수 없음을 곧 깨달았다. 내 몸과 달리 나는 눈도 없고 귀도 없고 형체도 없는데, 살아 있을 때처럼 보고 들을 수 있다는 것이 참으로 신묘했다.

　뤼순 감옥의 직원들과 검시관이 나를 살펴보고 있었다. 검시관은 내 몸에서 생명의 기운이 완전히 소멸되었음을 확인하자, 얼굴이 두려움으로 미세하게 떨렸다. 곧바로 검시관은 간수에게 내가 죽었다고 말했다.

보고를 받은 관동도독부 뤼순 감옥의 관리들은 마치 싸움에서 이긴 전사처럼 만면에 웃음을 띠고 검시관과 함께 밖으로 나갔다.

얼마 후, 검시관이 다시 들어와 내 몸 위에 흰 천을 덮은 뒤 관 뚜껑을 닫았으나 못질은 하지 않았다. 인부들이 들어와 관을 어디론가 옮기기 시작했다.

나는 내 몸과 떨어지기 싫어 관을 따라갔다. 인부들은 내 관을 감옥 교회당에 들여놓았다. 잠시 후 그토록 보고 싶었던 우덕순, 조도선, 유동하, 세 동지가 교회당 안으로 들어왔다. 나는 무척 반가워서 동지들 앞으로 새빨리 날아가 반가운 인사를 건넸지만, 세 동지는 안타깝게도 내 목소리도, 내 몸짓도, 내 형체도 알아차리지 못했다.

한 간수가 내 관 뚜껑을 열고 흰 천을 걷었다. 세 동지가 관 앞에 엎드려 어깨를 들썩이기 시작했다. 통곡하는 동지들을 보니 나도 함께 울고 싶었다. 그제야 나는 내 존재가 이승과 통할 수 없는 영혼임을 깨달았다. 다시는 온전한 몸으로 동지들을 대할 수 없고, 다시는 세 동지와 대화를 나눌 수도 없으며, 다시는 내 조국의 독립을 위해 손을 잡고 맹세할 수도 없다는 사실이 너무나 허망했다.

세 동지는 한참 동안 흐느꼈다. 간수가 만류하지 않았다면 몇 날 며칠이고 내 시신 앞에서 눈물이 다 마르도록 울 것 같았다. 간수에게 이끌려 억지로 방을 나가는 세 동지의 발걸음이 쇳덩이를 매단 것처럼 무거워 보였다.

나는 세 동지에게 말했다.

'동지들, 부디 조국 독립을 위해 애써 주시게. 내 육체는 자네들 곁을 떠나지만, 내 영혼은 언제나 자네들 곁에 머무를 것이네. 잘 가시게나.'

세 동지가 교회당을 나간 후, 나는 동생들이 오기를 기다렸다. 동생들은 내 시신을 거두어 하얼빈 공원 곁에 묻어 줄 것이다. 그러나 아무리 기다려도 동생들이 나타나지 않았다.

'왜 이렇게 늦는 걸까. 사형집행 시간도 정확히 알고 있을 텐데, 참으로 이상하구나. 동생들이 내 유언을 저버릴 리 없어……'

나는 닫혀 있는 교회당 문을 바람처럼 빠져나가 두 동생을 찾았다. 그때 나를 끌어당기는 듯한 이상한 기운을 느꼈다. 분명히 두 동생에게서 뿜어 나오는 기운이었다. 나는 곧바로 그 기운이 잡아끄는 대로 너울너울 비행을 시작했다. 참으로 놀라웠다. 두 동생 정근과 공근을 간절히 생각하자마자 동생들의 기운을 바로 감지할 수 있었다. 나는 속도를 느낄 수 없을 만큼 빠르게 순간 이동하였다.

정근과 공근은 얼굴이 시뻘겋게 달아오른 채, 감옥 문앞에서 간수와 실랑이를 벌이고 있었다.

"우리는 형님의 사형집행 시간에 맞춰서 형님 유언대로 시신을 모셔 가려고 기다리고 있었습니다. 그런데 왜 우리를 옴짝달싹 못 하게 붙잡는 겁니까? 왜 형님을 돌려주지 않는 겁니까? 어서 우리 형님을 모셔갈 수 있게 해주십시오."

동생들의 목소리가 감옥 건물에 쩌렁쩌렁 울렸다. 간수는 동생들에게 명령하듯 말했다.

"우리는 감옥법 제74조와 일본 정부의 특별 지시로 피고의 시신을 돌려주지 말라는 명령을 받았다."

"말도 안 되는 억지 주장은 당장 그만두시오. 감옥법 74조는 사형을 집행한 후 가족에게 시신을 돌려주라고 되어 있지 않습니까? 그러니 당장 형님을 돌려주십시오."

"안 된다. 상부의 명령대로 따라야 하니, 우리도 어쩔 수 없다."

간수의 말에 동생 정근이 몸을 부르르 떨며 따졌다.

"당신들이 주장하는 형님의 죄는 시형이 집행되었으니 이미 끝났지 않습니까? 시신은 유족인 우리에게 당연히 돌려주어야 합니다. 일본법에도 그렇게 나와 있지 않습니까! 어서 형님의 시신을 내놓으시오!"

정근이 핏대를 세워 목울대에 검붉은 핏줄들이 툭 불거졌다.

"상부의 명령을 받았다. 우리 맘대로 할 수가 없단 말이다. 그러니 아무리 졸라도 안중근의 시신은 돌려주지 못한다. 더 이상 소란을 피우지 말고 형에게 마지막 작별인사나 드려라. 교회당까지는 우리가 안내하겠다."

동생들은 내 시신을 돌려주지 않으면 한 발자국도 움직이지 않겠다며, 간수에게 대들었다.

"형님은 우리 조국을 위해 목숨을 바치셨소. 거룩하고 또 거룩한 우리 형님에게 사형이라는 극형을 내린 것도 치가 떨리고 기가 막히는데, 시신조차 돌려주지 않겠다니! 당신들 일본이 형님에게 저지른 짓거리는 천벌을 받을 것입니다. 우린 시신을 돌려받기 전까지 꼼짝도 하지 않겠소!"

정근과 공근의 분기가 칼날 같았다. 간수는 할 말을 잃었는지 묵묵부답으로 대했다. 두 동생은 하늘이 원망스럽다며 두 손으로 가슴을 쳤다.

'어찌 이런 일이 있을 수 있는가. 일본 놈들은 해가 서쪽에서 뜨는 세상에서 태어났는가. 나는 조국의 독립을 위해 싸우다 붙잡힌 포로로서 만국공법(19세기 말에 국제법을 부르던 말)에 따라 공정한 재판을 받아야 했다. 그런데도 일본 놈들은 나를 한낱 살인자 취급하며 사형을 집행하였으니, 이 얼마나 억울한 일인가. 하얼빈 공원 곁에 묻어달라는 내 마지막 소원마저 묵살하다니……, 일본은 어째서 내 유언마저 짓밟아 버리는가.'

동생들의 눈에서 피눈물이 흐르는 모습을 지켜보자니, 아무 힘도 쓸 수 없는 영혼인 내가 너무 원망스러웠다. 할 수만 있다면 교회당 안에 누워 있는 내 몸을 번쩍 들고 나와, 동생들 품에 안겨 주고 싶었다.

나는 내 몸이 누워 있는 교회당으로 다시 돌아갔다. 어느새 야딩들이 관 뚜껑을 덮고 못질을 하고 있었다. 야딩들은 가벼운 죄를 지은 죄수들이었다. 감옥에서는 야딩들에게 다른 죄수를 압송하거나 사형당한 죄수들의 시신을 매장하는 일을 시켰다. 야딩들이 내 관을 메고 교회당 밖으로 나가려 했다. 나는 내 관 위에 걸터앉아 힘껏 버텨 보았다. 하지만 야딩들을 조금도 막을 수 없었다. 야딩들이 내 관을 메고 밖으로 나오자, 총과 칼을 찬 간수들이 감옥 묘지로 가는 야딩들의 앞과 뒤에서 삼엄하게 감시했다. 나는 속절없이 흔들흔들 안개처럼 구름처럼 내 관을 따라갔다. 하늘도 눈물을 뿌리듯 비가 부슬부슬 내렸다.

동생들에게 나는 마지막 유언으로, 내가 죽거든 나를 하얼빈 공원 곁에 묻었다가 조국이 독립하면 고향에 옮겨 묻어 달라고 했다. 간수들도 내 유언을 분명하게 확인했다. 그런데 왜 내 몸을 여기에 묻으려 하는지 이유를 알 수 없었다.

'내 육체가 뤼순 관동도독부 감옥 공동묘지에 묻혀야 한다니.'

나는 야딩들이 땅을 파고 내 관을 파묻는 것을 지켜보다가 서둘러 동생들이 있는 곳으로 날아갔다. 일제의 부당한 처사에 분노가 치밀어 영혼임에도 불구하고 내 자신이 엉뚱한 곳으로 튕겨 다녀 방향을 잡기가 힘들었다.

일본 경찰들이 동생들을 억지로 끌고 뤼순 역으로 가고 있었다. 두 눈이 붉게 충혈된 동생들을 보는 순간, 내 영혼은 심하게 요동쳤다. 아무것도 할 수 없는 나는 동생들의 머리 위를 날며 두 동생을 위로했다. 내 위로가 동생들의 마음에 닿을 수 없다는 것을 알면서도 달리 뾰족한 방법이 없었다.

　오후 5시, 일본 경찰이 정근과 공근, 두 동생을 강제로 기차에 태웠다. 할 수만 있다면 다시 뤼순 감옥 공동묘지로 달려가 내가 벗어 놓은 육체를 입고 동생들과 함께 고향으로 돌아가고 싶었다. 나는 멀어져 가는 두 동생을 뒤로하고, 뤼순 감옥 공동묘지로 다시 돌아가려고 할 때였다.

　몹시 불쾌한 기운이 나를 뒤흔들었다. 그 기운은 나에게 사형 집행을 명령한 고등법원장 히라이시 요시토의 관사에서 뻗어 나오고 있었다. 나는 히라이시 요시토의 관사로 급히 날아갔다. 문이 닫혀 있어도, 아무리 높은 담으로 가로막혀 있어도, 자유롭게 드나들 수 있는 영혼이란 사실이 이때만은 편리했다.

　관사에 도착한 나는 육체와 한 몸이었다면 너무 노여워서 모든 것을 박살 내 버렸을 광경을 보고 말았다.

　뤼순 감옥의 관계자들이 히라이시 요시토의 관사에서 희희낙락하며 축하 연회를 열고 있었다. 재판이 열릴 때마다 내가 개인적으로 이토 히로부미를 오해하고 증오해서 살해한 것이라고 억지주장을 폈던 자들이 모두 모여 있었다. 경찰과 검찰관, 판사, 변호사, 형무소장, 간수 등 내 재판에 관련한 일본인들이 나를 무사히 사형시킨 걸 자축하는 희한한 연회였다.

　나는 부들부들 떨면서 그 연회를 처음부터 끝까지 지켜보았다. 기가 막히고 절통한 일이었다. 재판받는 동안 일었던 여러 가지 의구심들이 모두 사실이었음을 확실히 알 수 있었다.

처음부터 일본은 나, 안중근을 죽이려고 했다. 그럴싸하게 연출한 재판 과정은, 외부 세계에 보여주기 위해 철저하게 조작한 연극이었다. 나는 연회가 끝나기를 기다린 다음, 히라이시 요시토를 따라 안방까지 들어갔다.

'너희 일본은 나를 죽인 자들에게 포상금까지 내리는구나. 그것만 봐도 내가 한낱 보잘것없는 죄인이 아니라 아주 중요한 국사범이었음을 인정하는 것이다. 너희 주장대로, 내가 단순히 이토를 미워해 살인한 죄인이었다면, 너희 나라는 사소한 죄인을 사형시키고도 포상금을 내리는 하찮은 나라이더냐?'

나는 온 영혼의 힘을 집중시켜 히라이시를 압박했다. 내가《동양평화론》을 완성할 수 있게 사형 집행일을 연기해 주겠다고 약속해 놓고도 지키지 않은 히라이시 요시토. 나를 죽인 후에도 동생들에게 내 시신을 넘겨주지 못하게 한 히라이시 요시토. 나는 분노가 치밀어 올랐다. 그 모든 것을 지시한 일본 정부가 가증스러웠다. 분노에 찬 내 영혼이 자꾸만 부르르 떨었다.

나는 모든 기력을 모아 잠자리에 든 히라이시 요시토의 숨통을 조였다.

고등법원장 히라이시 요시토의 연회

무언가가 목을 내리누르는 듯 답답했다. 히라이시는 점점 죄어오는 알 수 없는 힘 때문에 숨조차 쉴 수 없었다.

'이런! 내가 가위에 눌리다니! 나 역시 그동안 진이 다 빠진 게야!'

눈과 귀, 온몸의 감각이 모두 마비된 듯한 순간, 파르스름한 빛이 방 안을 한 바퀴 휘돌더니 닫힌 유리창 밖으로 너울너울 사라졌다. 히라이시 요시토는 머리털 전체가 쭈뼛 치솟고 온몸이 바싹 오그라들었다. 한참 후에야 막혔던 숨을 토해냈다. 온몸에 식은땀이 주르르 흘렀다. 지옥에서 간신히 살아나온 것 같았다.

히라이시 요시토는 뤼순 관동도독부 소속 고등법원 재판장으로, 안중근 재판의 총책임자였다. 히라이시 요시토는 일본 정부의 명령대로 무사히 재판을 마친 것이 자랑스러웠다. 하지만 재판이 끝났어도 여전히 초조하고 불안했다. 오늘, 안중근의 사형을 집행하고 시신을 땅에 묻고 나니, 비로소 오금을 쭈욱 펼 수 있었다. 저녁 무렵, 히라이시 요시토는 '위로 만찬회'라는 이름으로 안중근의 재판과 사형에 관계한 사람들을 모두 불러모았다.

히라이시 요시토는 안중근을 이렇게 간단히 재판하게 되리라곤 생각지 못했다. 안중근을 정치범이라고 판단했기 때문에, 한국인 변호사인 안병찬과 러시아인 변호사 미하일로프, 영국인 변호사 더글러스에게 안중근 변호를 허용했다. 그러나 얼마 후 일본 외무성의 연락을 받고 히라이시 요시토는 급하게 일본으로 들어갔다. 본국에서는 안중근을 무조건 사형시키라고 특명을 내렸다.

이 사건은 한국인인 안중근이 일본의 고위 관료인 이토 히로부미를 암살한 사건이었기 때문에, 국제법에 따라 재판을 하는 것이 마땅했다. 하지만 일본 정부의 명령대로 보통 범죄자처럼 안중근을 사형시켜 버린다면, 그것은 일본이 안중근을 정치적으로 살인하는 것과 다름없었다. 그러면서도 일본 정부는 외국 언론의 눈에는 안중근의 재판이 합리적이고 근대적인 절차에 따라 진행되는 것처럼 보이게 만들라고 히라이시에게 지시했다. 판결 역시 공정하게 내린 것처럼 보여야 한다고 강조했다.

히라이시 요시토는 본국의 명령대로 관동도독부 고등법원 재판정을 정의가 살아 있는 근엄한 장소처럼 꾸몄고, 법관들의 복장도 특별하게 신경 썼다. 그뿐만이 아니었다. 안중근이 뤼순 감옥에서 재판받으러 법원까지 오갈 때 타고 다닐 마차까지도 특별 제작했다.

히라이시는 일본 정부의 특명을 이행하면서, 한 인간으로서는 내

면의 갈등이 많았다. 다른 사람의 눈을 속이는 일보다 자신을 속이는 일이 무척이나 괴로웠다. 정의를 구현하는 법관으로서 법을 어기면서 재판을 교묘하게 조작하려니 하루하루 피가 마르는 듯했다.

안중근은 자신의 사형 집행일을 천주교의 예수승천일인 3월 25일로 해달라고 요청했다. 그 날은 대한제국 황제 순종의 탄신일인 건원절이기도 했다. 히라이시 요시토는 안중근의 요청대로 해주겠다고 약속하고 나서, 일본 외무성에 급히 전보를 쳐서 사형 집행일을 의논했다. 외무성의 답변은 치밀했다.

우선, 건원절인 3월 25일에 안중근을 사형시키면 한국인들과 애국지사들의 반일 감정이 들불처럼 번질 것이라며, 그날은 사형일로 적절치 않다는 전문을 보내왔다. 또 3월 27일은 부활절이기 때문에, 가톨릭 신자인 안중근을 부활절에 사형시키는 것도 부적절하다고 했다. 그러면서 3월 26일을 사형일로 정했고, 안중근의 사형 시간까지 분명하게 제시해 주었다. 오전 10시. 하얼빈에서 이토 히로부미가 안중근의 총탄을 맞고 숨을 거둔 바로 그 시각이었다. 이토 공이 절명한 시간과 안중근의 사형 시간이 일치해야 한다는 명령이었다. 그만큼 일본 정부는 안중근의 재판과 사형 집행에 관한 모든 세부 사항을 철저하게 감독하고 관리했다.

히라이시 요시토는 동경제국대학 법학과를 졸업하고, 고베 지방재판소 법관으로 출발해서 판사로서 젊은 시절을 보냈다. 그 후 나고야 공소원 부장판사를 거쳐 관동도독부 고등법원장이 되었다.

히라이시는 판사 자리에 앉아 있는 동안, 안중근 같은 사람은 본 적이 없었다. 안중근은 하늘이 내린 대인이었다. 히라이시는 안중근을 대할 때마다 등골이 서늘했다. 안중근의 대범함은 한두 마디로 요약할 수 없었다. 아무리 담력이 큰 사람이라도 일단 사형선고를 받으면 대부분 체중이 급격하게 줄었다. 그 후부터 사형 집행일이 가까워질수록 사형수들은 점점 넋이 빠진 허깨비처럼 변해간다. 그러나 안중근은 털끝 하나도 변함이 없었다. 오히려 사형일이 다가올수록 더욱더 담대해졌다.

사형 선고 후에 안중근의 요청으로 면담했을 때였다. 안중근이 《동양평화론》을 쓰겠다며 사형 집행일을 연기해 달라고 했을 때, 히라이시는 기꺼이 그러겠노라고 대답했다. 히라이시는 안중근의 거시적 안목과 놀라운 혜안에 감탄했다. 안중근처럼 넓고 깊은 안목을 가진 사람이 쓴 책이라면, 일본뿐만 아니라 세계 평화를 이루는 데 상당한 도움이 될 것 같았다. 그러나 본국에서는 안중근의 사형 집행일 연기를 허락하지 않았다. 일본 정부가 안중근을 두려워하는 게 역력했다. 집행일이 연기되지 않으면 시간이 부족해 《동양평화론》을 완성하지 못할 것이 뻔했다.

히라이시 요시토는 안중근을 대할 때마다 젊디젊은 안중근에게 압도당하는 느낌이었다. 그 때문에 안중근을 교수형에 처해야 한다는 사실이 두렵고 괴로웠다. 그러나 나라의 관리로서 사사로운 감정에 좌우될 수는 없었다.

바로 오늘, 히라이시 요시토는 안중근을 사형시키자마자 하루하루 긴장 속에서 본국의 특명에 따른 모든 관계자를 자신의 관사로 불러들였다. 히라이시 자신은 물론, 이 일에 관계한 사람들의 마음속에서 안중근이라는 큰 인물을 한시바삐 떨쳐내게 하고 싶었다.

이윽고 히라이시가 초대한 손님들이 하나씩 관사에 도착했다. 관동도독부 사토 총장과 요시다 경시, 마나베 주조 판사, 구리하라 형무소장, 가마타 변호사와 미즈노 변호사가 도착했다. 〈자유통신〉의 나가노, 〈동아통신〉의 안사이, 〈조일통신〉의 부도, 〈만주일일신문〉의 기도, 〈료동신문〉의 쓰노다, 〈만주신보〉의 야노도 관사로 들어왔다. 미조부치 검찰관과 소노키 통역, 와타나베 서기와 기시다 서기 등은 히라이시의 속내를 읽고 무척 고마워했다.

히라이시 요시토는 참석자 20여 명이 모두 도착하자마자 기념 촬영부터 했다. 연회에는 특별히 뤼순의 고급 요정인 파성과 미광에서 최고의 기생들도 불렀다. 기생들에게는 손님들의 혼을 빼놓으라는 특별 지시도 잊지 않았다.

히라이시는 사진 촬영이 끝나고 손님들이 자리를 잡고 앉자마자 인사말을 시작했다.

"여러분, 오늘은 특별한 날입니다. 그동안 여러분의 노고에 감사하기 위해 이 자리를 마련했습니다. 또한 이 자리는 본국의 명령을 충실하게 이행한 우리를 자축하고 안중근의 망령에서 벗어나기 위한 자리입니다. 모두 안중근을 사형시키기까지 참으로 수고가 많았습니다. 오늘 밤은 맘껏 즐기고 마시면서 안중근 때문에 노심초사했던 그간의 피로를 말끔히 날려 보내시기 바랍니다. 지금 밖에는 특별히 골라온 미녀들이 여러분을 즐겁게 해드리기 위해 기다리고 있습니다."

히라이시의 인사가 끝나자 모두 손뼉을 쳤다. 곧이어 사토 총장의 답사가 이어졌다.

"여러분, 그동안 수고 많았습니다. 우리는 오늘 위대한 일을 해냈습니다. 이제 우리 일본이 대륙으로 뻗어 나가기 위한 과업을 방해하는 자는 더 이상 존재하지 않습니다. 여러분의 노고 덕분입니다. 오늘 밤 맘껏 취하고 즐깁시다."

사토 총장의 말이 끝나자마자 히라이시는 밖에서 대기하고 있던 여사들을 불러들였다. 잔마다 술이 채워지고 여자들이 농염한 자태로 춤을 추기 시작했다. 술잔이 비워질 때마다, 안중근에 관한 생각들을 지우기 위해 안주를 씹듯 주절거렸다.

"죽음을 기쁘게 받아들이다니 어떻게 그럴 수가 있는지, 안중근 그 자는 참 대단한 인물임은 틀림없어요."

"대단하다니! 그 무슨 망발입니까? 그래 봐야 조센징이지. 별수 없는 조센징이야."

"맞습니다. 틀림없는 조센징이죠."

"조센징! 조센징!"

모두 조센징을 외치며 술잔을 비웠다.

히라이시는 통쾌하면서도 한편으로 경각심을 일깨워야 한다는 생각이 들어 조심스럽게 입을 열었다.

"조센징이라고 방심하면 안 됩니다. 제2, 제3의 안중근이 나오지 말란 법도 없잖습니까."

"암요. 항상 긴장해야지요. 그래서 우리가 안중근의 유언까지 안 들어준 것 아닙니까? 유족들에게 시신도 돌려주지 않았지요."

"그건 참 잘한 일입니다. 본국의 특명이 있긴 했지만요. 안중근의 두 동생을 돌려보내느라 곤욕을 치렀어요."

"만약 안중근의 시신이 하얼빈 공원에 묻혔다면, 하얼빈은 그야말로 우리 일본을 반대하고 위협하는 곳이 될 게 뻔합니다. 조센징은 물론 중국인들에게까지 반일 감정의 성지가 될 것입니다. 역시 우리 일본 통치자들은 앞을 내다보는 혜안이 깊다는 걸 다시 한 번 느꼈어요."

"자, 마십시다. 안중근 사형을 위하여!"

"위하여! 대일본 만세!"

히라이시 요시토는 누구보다 목청을 드높였다.

잠시 후 히라이시 요시토는 비서를 불러 준비한 봉투를 내오게 했다.

"자, 주목해 주십시오. 본국에서 우리에게 포상금을 보냈습니다. 우리는 위대한 일을 해냈습니다. 제가 본국 정부를 대신해서 전달하겠습니다. 먼저 미조부치 검찰관님!"

미조부치가 히라이시 앞으로 다가왔다.

"경하드립니다. 정부로부터 250엔의 포상금이 왔습니다. 여러분 박수로 축하해 주십시오."

미조부치가 포상금 봉투에게 절을 하듯 양손을 들어올려서 받았다.

"다음은 고등법원장인 저와 마나베 판사, 구리하라 형무소장에게 내리는 포상금입니다. 150엔입니다."

히라이시는 우선 자신의 봉투 하나를 제쳐놓고 두 사람에게 남은 봉투를 건넸다. 또 박수가 터져 나왔다. 이어서 다이와다 판관에게는 20엔을, 간수 6명에게는 10엔씩을 전달했다.

히라이시 요시토 자신도 포상금까지 받을 줄은 상상하지 못했다.

포상금까지 받고 나니 연회의 분위기는 절정에 달했다. 저마다 꺼림칙한 기분을 술기운으로 털어버리려는 듯 마시고 떠들어댔다. 연회장은 마치 술에 취한 미치광이들의 아수라장 같았다. 연회는 밤이 늦어서야 끝이 났다.

히라이시 요시토는 취한 몸을 간신히 가누며 침실로 들어섰다. 그제야 모든 긴장이 스르르 풀렸다. 지친 몸을 눕히고 막 잠을 청할 때였다. 갑자기 머릿결이 곤두서는 듯 싸늘한 한기가 온몸을 감쌌다. 손끝 하나 옴짝달싹할 수 없는데, 정신은 오히려 또렷해졌다. 무언가 온몸을 짓누르는 것 같아 아무리 몸을 일으키려 해도 소용없었다. 목소리도 안 나오고 숨도 쉬어지지 않았다. 한참 후에야 막혔던 숨을 토해낸 히라이시는 온몸이 식은땀으로 후줄근했다. 히라이시 요시토는 이토 히로부미 공작에게 충성을 다했다는 생각으로 간신히 몸과 마음을 추슬렀다.

이토 히로부미의 속셈

왼쪽 가슴이 찢어지는 듯했다. 잇따른 충격으로 눈앞이 캄캄해졌다. 용광로에 뛰어든 것처럼 가슴이 화끈거리는 순간, 커다란 구덩이 속으로 온몸이 빨려 들어가는 것 같았다. 구덩이가 점점 커지면서 동시에 가슴이 산산조각으로 흩어지는 듯했다. 통증인지 폭발인지 어둠인지 밝음인지 점점 감각이 무뎌졌다. 이토 히로부미는 총에 맞았음을 직감했다. 몇 번의 총소리가 꿈속처럼 들렸다. 입에서 외마디 비명이 터져 나왔다.

"윽! 으윽!"

이토가 마지막으로 내뱉은 말이었다.

1909년 10월 14일 밤, 이토 히로부미는 일본의 작은 간이역인 오이소 역으로 향했다. 이번 여행의 목적지는 만주 하얼빈이었다. 68세의 늙은 몸을 이끌고 떠나는 긴 여행이라, 주변 사람들은 걱정이 많았다. 이토가 왜 만주에 가는지 아무에게도 말하지 않았기 때문이다. 이토는 수행단을 특별히 신경 써서 골랐다. 귀족원 의원인 무로타 요시후미, 육군 중장인 무라타 아쓰시, 추밀원 의장 비서관 후쿠다니 히사쓰나, 궁내대신 비서관 모리 다이지로 등에게 함께 가기를 청했다. 의사인 고야마 젠도 이토의 건강을 염려하며 동행했다.

오이소 역에 도착한 이토 히로부미는 시모노세키행 급행열차에 올라탔다. 이 열차는 이토를 위하여 오이소 역에 임시 정차한 것이다. 프록코트에 중산모자를 쓴 이토는 전송하는 사람들에게 환한 얼굴로 일일이 인사를 건넸다.

"여러분, 돌아오는 설에는 좋은 술을 함께 마십시다."

플랫폼에 서 있던 사람들이 먼 길을 떠나는 이토를 향해 외쳤다.

"이토 공작 만세!"

이토 히로부미도 환송객들에게 손을 크게 흔들었다. 작은 간이역인 오이소 역에는 역이 생긴 이래로 최대의 인파가 몰려들었을 것이다.

시모노세키에 도착한 이토는 슌반로우 여관에서 하룻밤을 묵었다. 이곳은 1895년 청일전쟁에서 일본이 이긴 후, 청나라 전권대신 리훙장과 이토가 강화회담을 했던 곳이다. 그 회담에서 이토는 조선과 만주에 대한 청의 지배권을 빼앗고 일본이 대륙으로 진출할 수 있는 발판을 확보했다. 이때 맺은 시모노세키 조약으로 일본은 세계열강에 자국의 힘을 과시한 것이다. 이토는 이토록 의미가 깊은 슌반로우 여관에서 상서로운 기운을 얻고 싶었다.

1909년 10월 16일, 이토는 모지 항을 출항하는 오사카 상선 데츠레이마루 호에 몸을 실었다. 망망대해의 잔잔한 물결이 햇빛에 반짝거렸다. 바닷바람 탓일까? 제법 싸늘한 기운이 옷깃을 파고들었다. 주치의 고야마 젠이 이토 히로부미를 걱정했다.

"공작님, 바닷바람이 찹니다. 건강에 해로울까 염려되니 그만 들어가시지요."

이토 히로부미는 주치의가 자신을 늙은이 취급하는 것 같아 살짝 서운한 마음이 들었다.

"자네가 걱정할 정도로 내가 그렇게 늙었는가? 걱정해줘서 고맙긴 하네만, 난 괜찮네. 아직 할 일이 많아. 그러니 걱정하지 말게. 내 건강은 끄떡없어."

고야마 젠이 당황해서 허리를 굽혔다.

"예. 하지만 감기라도 걸리시면……, 먼 여로에 염려돼서요."

이토는 고야마 젠에게 천천히 고개를 끄덕였다. 고야마 젠은 더 이상 말을 못하고 이토의 뒤로 물러났다.

이토 히로부미가 주변의 만류를 뿌리치고 만주행을 결행한 것은 특별한 임무를 이루기 위해서였다. 68세는 적은 나이가 아니었다. 공개적으로는 유람하러 가는 것으로 보이게 했지만, 은밀하게 맡은 임무를 생각하면 젊었을 때처럼 가슴이 마구 뛰었다.

대한제국의 초대 통감 자리에서 물러난 이토 히로부미는 오랫동안 꿈꿔왔던 원대한 계획의 첫걸음이 될 기회를 놓치고 싶지 않았다. 이번 여행이 바로 절호의 기회였다.

이토는 청나라와 러시아에 일본의 조선 지배에 관한 동의를 암묵적으로 받아낸 후, 대륙 정벌의 굳건한 다리를 놓을 사람은 자신밖에 없다는 확고한 신념이 있었다. 그 신념은 오래전에 스승인 요시다 쇼인에게 '가장 유능한 주선가'로 평가받은 후 스스로 부과한 의무이기도 했다. 지금까지 이토는 스승의 평가대로 유능한 주선가의 역할을 확실하게 해냈다.

　세계정세는 일본의 국익에 유리한 방향으로 나아가고 있었다. 러일전쟁을 치른 후 일본과 러시아는 미국 루스벨트 대통령의 중재로 포츠머스조약을 맺었다. 미국 뉴햄프셔 주의 작은 해군 기지인 포츠머스에서 1905년 8월 9일부터 29일까지 거의 한 달 동안, 이른바 포츠머스강화회담이 계속된 후 체결된 조약이었다. 이 소약 제2조는 "일본에게 한국에 대한 지배적인 권리가 있음을 인정한다."라고 규정했다. 하지만, 이 조약이 체결되기 한 달 전인 7월에 미국 육군성 윌리엄 태프트 장관과 일본의 가쓰라 다로 수상이 장시간 회담을 한 후 일본이 한국을 지배하기로 이미 약속되어 있었다. 바로 미·일의 가쓰라-태프트 밀약이었다.

　당시 미국은 스페인과 벌인 전쟁으로 필리핀을 빼앗았지만, 아직 열강의 승인을 받지 못한 상태였다. 미국의 루스벨트 대통령은 포츠머스 회담을 통해 필리핀에 대한 미국의 지배권을 확실히 하고 싶었다. 또 러시아가 아시아에 진출하는 것을 어떻게든 막고자 했다. 그런 이유에서 미국은 일본과 러시아의 중재 역할을 맡아 일본 쪽에 유리하도록 조약을 맺게 했다. 러일전쟁이 끝나기도 전에 이미 미국은 필리핀을, 일본은 한국을 속국으로 지배하기로 한 것이다.

이런 상황에서 일본이 한국을 병합하는 일은, 그 시기를 언제로 하느냐만 남아 있었다. 이토 히로부미는 일본이 한국을 발판으로 삼아 만주 일대로 진출하는 데 걸림돌이 되는 나라는 러시아와 청나라라는 사실을 누구보다 잘 알았다. 그 걸림돌을 말끔하게 정리할 수 있는 사람은 이토 자신뿐이라는 생각 역시 이미 오래전부터 하고 있었다. 지난날, 일본이 영일동맹을 맺을 때도 이토는 주선자 역할을 성공적으로 해냈기 때문이다.

이토의 스승 요시다 쇼인은 예전부터 정한론(征韓論)을 강력하게 주장했다. 정한론은 만주와 조선을 일본의 속국으로 만들어 그들에게 조공을 받자는 주장이었다. 작은 섬나라 일본에서 벗어나 대륙으로 뻗어 나가며 이웃 나라들을 식민지로 삼자고 했다. 이웃 나라보다 좀 더 빨리 개화한 일본은 겉으로는 평화를 내세우며 이웃 나라의 개화를 도와주는 척했지만, 실제로는 자신들의 실리를 챙기는 게 목적이었다. 한국을 식민 통치하면서 만주 일대와 동남아시아까지 식민지로 삼기 위해서는 러시아 관할인 동청철도를 일본의 영향 아래 두는 일이 무엇보다 중요했다. 이토의 만주행은 바로 이 동청철도를 얻기 위한 것이었다.

이토 히로부미는 데츠레이마루 호를 타고 뤼순까지 가는 동안, 68년 동안의 지난 삶을 되돌아보았다. 어느새 고희가 코앞으로 다가왔다고 생각하니 만감이 교차했다.

　이토는 하층계급인 농민 집안에서 태어났다. 아버지 하야시 주조는 집안이 가난해 끼니조차 잇기 어렵자, 굶고 있는 식구들을 먹이기 위해 조슈 번 정부에 바치는 쌀인 연공미를 훔치다 들켰다. 아버지는 그 일로 마을에서 쫓겨나 멀리 하기 시로 홀로 떠나야 했다.

　그때 이토는 다섯 살이었다. 아버지는 어린 아들과 아내를 처가에 맡기고 중인계급인 이토 다케베 집에서 벌목꾼으로 일했다. 열심히 일한 아버지는 이토 다케베의 눈에 들어 그의 양자가 되었다. 그제야 아버지는 작은 집을 마련해서 아들과 아내를 불러들였다. 이토가 여덟 실 되던 해로, 그때는 이름도 히로부미가 아닌 리스케였다.

　이토는 그때가 어렴풋이 떠올랐다. 인간 만사 새옹지마라고 했던가. 어느 날 아버지가 이토 다케베의 양자가 되었다며, 자신에게 이토라는 성을 갖게 해주었다. 이토 다케베가 중인에서 무사계급으로 신분이 상승하자, 아버지와 이토의 신분도 두 계급이나 올라갔다. 이토 히로부미는 그때부터 서당에 다니며 독서와 시문과 습자를 배웠다.

　이토가 어렸을 때는 서양 세력이 일본의 개항을 요구하여 나라가 몹시 시끄러웠다. 1853년 미국의 페리 제독이 군함 네 척을 이끌고 도쿄 만에 나타나 일본의 개국을 요구했다. 페리 함대가 돌아가자 이번에는 러시아가 군함 네 척을 보내 개국을 요구하는 국서를 전달했다. 그럼에도 도쿠가와 막부는 1863년까지 한결같이 쇄국정책을 시행했다. 하지만, 메이지유신으로 결국은 통치권을 천황에게 넘기게 되었다.

이토 히로부미는 열다섯 살이 되던 1856년에 조슈 번의 무사들 곁에서 잔심부름을 하게 되었다. 이때 중급 무사인 구루하라를 만난 것은 오늘의 지위를 갖게 되기까지 이토의 인생 역정에서 참으로 중요한 사건이었다.

미국 페리 함대의 위용에 충격을 받은 구루하라는 이토에게 서양을 알아야 한다고 가르쳤다. 또한 서양식 총포술도 배워야 한다고 했다. 때마침 조슈 번 정부는 구루하라에게 나가사키에 가서 서양식 병법을 배워오라고 했다.

나가사키 항구는 일본이 최초로 외국에 문호를 개방한 곳이었다. 이미 거의 200년 전인 1571년에 포르투갈 선박이 나가사키 항구에 머물기도 했는데, 이후 일본을 통치하게 된 도쿠가와 막부는 나가사키 항구 한 곳만 네덜란드에 개방하였다. 17세기 말에는 네덜란드와의 무역이 활발하게 이루어지면서 네덜란드를 통해 서양의 학문이 들어왔다. 그 후 일본 각 번의 뜻있는 무사들은 나가사키에 가서 서양 학문을 공부하기도 했는데, 이토 역시 구루하라의 조수로 나가사키에 가서 서양의 총포술을 익혔다.

나가사키에서 하기로 돌아온 이토는 요시다 쇼인이 운영하는 쇼카손주쿠 서당에 다녔다. 쇼카손주쿠 서당은 일본 근대화의 기틀을 만든 메이지유신의 주역들을 길러 낸 최고의 교육기관이었다. 그뿐만 아니라 서당의 학생들은 스승인 요시다 쇼인의 정한론, 즉 한국을 정벌하고 대륙으로 뻗어 가자는 주장을 가슴에 새겼다. 이토 히로부미도 스승의 정한론을 신봉했다. 그때부터 이토는 일본이 대륙으로 뻗어 나가는 데 자신이 큰 역할을 하겠다는 야망을 갖게 되었다.

이토는 자신이 유능한 주선가가 될 것이라고 했던 스승의 말을 늘 가슴에 품고 있었다. 주선가가 되려면, 우선 두뇌 회전이 빨라야 하고 상대의 심중을 꿰뚫어 볼 수 있어야 했다. 상대에게 호감이 있는 척 위장하면서도 이를 절대 들켜선 안 되었다. 안으로는 칼을 갈망정 겉으로는 솜사탕처럼 부드럽게 보여야 했다.

이토 히로부미는 망망대해를 바라보며 46년 전의 일을 떠올렸다. 1863년 5월 12일이었다. 이토 히로부미는 무사 네 명과 함께 요코하마에서 영국으로 가는 배에 올랐다. 이때 영국으로 오가면서 겪은 일들과 영국에서의 생활은 이토 일생일대의 전환점이 되었다.

이토가 탄 배가 상하이에 도착했을 때, 이토 히로부미는 각국의 군함과 증기선, 범선들이 즐비한 상하이 항구의 모습에 충격을 받았다. 그때, 이토는 물론 일행 모두 영어를 할 줄 몰라 황당한 일을 겪었다. 이토는 영국 영사관 관원에게 해군에 관해 공부하고 싶다고 말했지만, 해군을 뜻하는 '네이비'란 단어를 제대로 발음하지 못했다. 영사관 관원은 이 단어를 '내비게이션'으로 잘못 알아듣고, 이토 일행이 항해술을 배우고 싶어한다고 생각했다. 그래서 이토 히로부미와 이노우에 가오루에게 페가수스 호의 수습선원 일을 하게 했다.

이토 일행은 배삯을 내고도 선원 일을 했지만, 영어를 제대로 못해서 무척 고생했다. 음식도 낯설어 배탈이 자주 나는 데다 배가 고플 땐 빗물로 허기를 달래다 보니 변소에도 자주 갔다. 그런데 변소에 가기도 만만치 않았다. 선원들은 용변을 바다에 봤는데, 뱃머리에서 바다 쪽으로 길게 뻗어 있는 나무판자 위가 변소였기 때문이다. 그 판자 위에 쪼그리고 앉아 용변을 볼 때마다 배가 기우뚱거려 파도에 휩쓸릴까 봐 얼마나 아슬아슬한지 몰랐다. 안전장치라고는 긴 끈뿐이었다. 끈의 한쪽은 갑판 기둥에 매고, 다른 한쪽은 허리에 맨 채 용변을 보는 것이다. 영국에 도착할 때까지 바다에서 지낸 4개월 동안, 목숨을 담보로 한 아슬아슬한 고비를 여러 차례 넘겼다.

천신만고 끝에 영국에 도착해 학교에 들어갔지만, 이토는 여전히 영어 때문에 많은 어려움을 겪었다. 열심히 영어를 공부하면서도 학교에서 배우는 지식보다는 런던 시내의 높은 건물들과 반듯반듯 잘 닦여진 도로와 연기를 뿜어내는 공장의 굴뚝, 해군 시설 등에 더 관심이 갔다.

당시 영국은 인도를 식민지로 삼고 일찍부터 동인도회사를 설립해 산업 발전에 박차를 가하고 있었다. 이토는 영국의 발달한 산업 시설과 식민정책을 직접 보면서, 앞으로 일본이 번창하기 위해선 쇄국정책을 중지하고 나라를 개방해야 하며, 스승의 주장대로 이웃 나라를 정벌해 나라 부흥의 발판으로 삼아야 한다는 생각을 더욱 확고히 했다. 영국에서 일본으로 돌아와 정치에 발을 들인 후에도 결코 그 생각을 한순간도 잊지 않았다.

이토 히로부미는 메이지유신을 거치며 일본 헌법을 제정한 뒤, 44세에 초대 내각총리를 맡아 참으로 탄탄대로를 걸어왔다. 7년 후인 51세에는 2차 내각을 수립해 총리를 지냈고, 다음 7년째 되던 해에 3차 내각 총리가 되었다. 그 후 곧바로 사임했지만, 2년 후에 다시 4차 내각 개편을 단행, 또 총리에 올랐다.

이토는 62세에 일본 천왕의 자문기관인 추밀원 의장으로 대한제국의 고종 황제를 만났다. 바로 그다음 해인 을사년(1905년) 11월에 사실상 대한제국의 손발을 꽁꽁 묶는 을사늑약을 체결했다. 이토가 그토록 바라던, 대륙 정벌을 위한 건고한 발판을 놓은 것이다.

하지만 1907년에 고종 황제는 대한제국의 외교권을 제한하는 이 조약의 부당함을 알리려 일본 몰래 헤이그에 특사를 파견했다. 당시 네덜란드 헤이그에서는 제2차 만국평화회의가 열리고 있었다. 이 회의에서 을사늑약이 일본의 강압에 의한 조약임을 폭로해 바로잡으려 했던 것이다. 하지만 이 거사는 실패했고, 일본이 고종 황제를 손쉽게 퇴위시키는 빌미가 되었다.

이토는 뤼순까지 가는 동안 햇볕이 따스할 때마다 갑판으로 나와 짙푸른 망망대해를 바라보며, 러시아 재무대신 코코프초프와의 하얼빈 회담에서 어떻게 하면 일본에 유리한 결과를 얻어낼지 고심했다. 동청철도를 일본의 손아귀에 넣는 일이 현재로선 무엇보다 중요했기 때문이다.

동방정책을 폈던 러시아로서는 모스크바에서 블라디보스토크까지 연결하는 대륙횡단 철도 건설에서 청나라의 영토인 하얼빈은 매우 중요한 요지였다. 철도를 모스크바에서 이르쿠츠크를 거쳐 블라디보스토크까지 러시아 영토로만 연결한다면, 길이도 길고 공사비도 더 들고 기간도 더 오래 걸렸다. 하지만 하얼빈을 거치게 해서 직선으로 연결하면 무려 549킬로미터를 단축할 수 있어 시간도 절약하고 공사비도 크게 줄일 수 있었다.

러시아는 청나라에서 벌어진 반 외세 투쟁인 의화단 운동을 진압하기 위해 군대를 파견했고, 이 일로 1901년 청나라와 협정을 맺으면서 청에게서 하얼빈을 조차지로 얻었다. 이르쿠츠크에서 하얼빈을 거쳐 블라디보스토크까지 연결하는 동청철도를 부설하기 위해서였다. 1903년 7월, 착공 12년 만에 대륙횡단 철도가 완전하게 개통되었다.

1905년 러일전쟁에서 승리한 일본은, 러시아가 청나라로부터 얻은 권리인 동청철도에 대응해, 만주를 지배할 수 있는 철도노선을 구상했다. 마침 포츠머스조약은 러시아가 중국에서 할양받은 이권을 일본의 것으로 돌리게 했다. 러시아 조차지인 뤼순·다롄 항을 비롯하여, 창춘-뤼순 간의 철도권을 확보할 수 있었던 것이다.

일본은 급히 1906년 6월에 남만주철도주식회사를 설립했다. 남만주철도회사는 앞으로 일본이 대륙으로 뻗어 나갈 때 반드시 필요한 국책사업이었다.

러일전쟁에서 패한 러시아는 내란에 휩싸이면서 국력이 점점 약해졌다. 1909년 초, 러시아는 부족한 국가 재정을 해결하기 위해 동청철도를 매각하기로 했다. 이 소식을 들은 미국의 철도왕 에드워드 해리먼이 러시아에 동청철도를 사들이겠다는 의사를 보냈고, 일본에는 러시아로부터 획득할 창춘-다롄 간 남만주철도의 공동 경영을 제안했다. 일본의 가쓰라 다로 수상은 해리먼의 제안을 환영하며 받아들였다.

하지만 일본의 외상인 고무라 주타로는 이를 극구 반대했다. 그는 남만주철도의 권익을 미국과 나누게 되면, 나중에 그 일로 인해 심각한 상황에 부닥칠 것이라고 주장했다. 결국에는 미국에 이권을 빼앗길 우려가 있다고 본 것이다. 가쓰라 수상은 고무라 외상의 의견을 받아들였다. 일본이 갑작스럽게 약속을 파기하자 철도왕 해리먼은 극도로 분노했다.

일본의 완강한 태도에도 불구하고 미국은 만주를 향해 집요한 관심을 보였다. 미국은 일본과 러시아 양국이 보유한 만주 내 철도를 중립화하여 미국과 공동으로 관리하자고 제안했다. 또 기존 만주철도 구간에 새로운 철도를 건설하는 계획도 내놓았다. 일본은 바짝 긴장할 수밖에 없었다.

그런데 뜻밖의 일이 일어났다. 9월 초에 철도왕 해리먼이 갑작스럽게 죽었기 때문이었다. 이토 히로부미는 일본 정부에 러시아로부터 동청철도를 서둘러 사들이라고 건의했다. 동청철도만 얻는다면, 이제 일본의 식민지나 다름없는 대한제국의 부산에서 출발해 만주의 동청철도와 시베리아 대륙횡단 철도를 통해 유럽까지 갈 수 있었다. 동청철도를 확보하는 것은 대륙 침략이라는 야욕을 위한 발판의 절반을 얻는 셈이었다.

이 일을 성공시키기 위해 이토 히로부미는 이번 여행 일정의 책임자로 일본 남만주철도회사의 우두머리인 나카무라와 동행했다.

1909년 10월 18일 정오, 이토 히로부미를 실은 데츠레이마루 호가 다롄 항에 닻을 내렸다. 이토 히로부미는 다롄 공회당, 다롄 주재 러시아 영사관, 정금은행 등을 시찰했다. 이토의 관심사는 앞으로 일본이 중국 동북지방 자원을 수탈하기 위해 다롄을 거점 지역으로 삼을 수 있을지에 있었다. 그러기 위해서 다롄의 자치 제도를 제정하자고 제안했다.

이토는 특별히 만철중앙실험소를 방문했다. 앞으로 만주와 다롄 일대가 일본의 식민지가 된다면, 모든 수탈 품목을 실어 나르는 수단이 철도일 것이기 때문이었다. 그곳에서 이토는 앞으로 일본의 동아시아 지배가 이루어졌을 때를 대비하여 만철의 역할을 은밀하게 검토했다.

10월 21일에 이토 히로부미는 뤼순으로 갔다. 랴오둥 반도의 최남단 항구인 뤼순은, 남쪽으로는 산둥 반도의 웨이하이 요새를 마주

보고 있었다. 사자의 입처럼 생겼다는 뤼순 항구에서 일본은 러시아에 선전포고했고, 그렇게 시작되어 일본의 승리로 끝난 전쟁이 바로 러일전쟁이었다. 그 후 뤼순은 일본 밖의 일본 영토나 다름없었다.

코코프체프와의 회담 시간이 한발 한발 다가오고 있었다. 철도가 근대화에 얼마나 중요한지를 이토 히로부미는 영국으로부터 배웠다. 영국이 인도를 식민 지배하며 사용했던 방법 그대로, 이토는 대한제국에 경인선, 경부선, 경의선을 부설했다.

이제 남은 목표는 남만주철도의 마지막 일본 관할지인 창춘에서 동청철도까지를 일본의 손아귀에 넣는 것이었다. 반드시 성공해야 하는 대망의 사업이었다. 이토 히로부미는 러시아 재무대신 코코프체프와의 회담에서, 기필코 일본이 유리한 쪽으로 결론을 이끌어내야 했다.

뤼순에서 하룻밤을 묵은 뒤 다음 날인 10월 22일에 이토 히로부미는 만주 랴오닝 성의 선양에 도착했다. 청나라 정부의 고위관리 순무는 남만주철도주식회사의 초대소인 대화여관에서 이토 히로부미를 위해 환영식을 열어 주었다. 다음날은 순무와 단독회담을 했다. 이 회담에서도 가장 중요한 부분은 철도 부속지의 행정권 문제였다. 코코프체프를 만날 때도 이 회담에서 얻은 성과를 적절하게 이용해야 했다. 그다음 러시아 정부의 태도를 자세히 살펴 일본에 유리한 쪽으로 선수 칠 생각이었다.

10월 25일 오후 6시, 이토는 창춘에 도착하여 환영회에 참석했다.

'창춘! 이 땅이 일본 소유라면 대륙과 러시아까지 호령할 수 있을 텐데!'

기필코 이 지역을 일본의 식민지로 만들고야 말겠다는 이토의 욕심이 가슴속에서 끓어올랐다.

그날 밤 10시, 이토는 러시아에서 보낸 특별열차를 타고 창춘을 떠나 하얼빈으로 향했다. 특별열차는 최신형 기관차로 귀빈실과 접대실이 연결되어 있었다.

특별열차에는 러시아 재무대신 코코프체프가 보낸 동청철도 재정부장과 경호군단 군무장, 민정부장 아프나체프 소장이 타고 있었다. 열차가 출발하자 아프나체프가 환영사를 했다. 이토 히로부미는 답사에서 하얼빈을 방문한 것은 드넓은 만주 땅을 직접 눈으로 보고 싶어 왔을 뿐, 다른 정치적인 목적은 전혀 없다고 말했다. 굳이 속내를 드러내서 외국 언론들의 호기심을 자극할 필요가 없었다. 이토 히로부미는 온화한 미소와 함께 흰 수염을 말없이 쓰다듬으며, 이번 회담이 러시아와 일본 간 친선의 시작이라고 강조했다.

10월 26일 오전 9시, 열차가 하얼빈 역으로 들어섰다. 열차가 멎자마자 러시아 재무대신 코코프체프가 특별열차로 올라왔다. 코코프체프가 먼저 손을 내밀어 악수를 청했다.

"안녕하십니까? 오래전부터 각하의 명성을 익히 들었습니다. 각하를 영접할 수 있어서 영광입니다. 감사합니다."

이토 히로부미도 코코프체프를 각하라고 높여 부르며 인사했다.

"저도 코코프체프 각하의 영접을 받다니 얼마나 기쁜지 모르겠습니다."

이토 히로부미는 코코프체프의 손을 힘주어 잡았다.

"각하! 환영식과 더불어 오찬을 준비했으니 함께 해 주십시오."

"여부가 있겠습니까. 기꺼이 오찬을 즐기겠습니다."

코코프체프는 이토와의 오찬에 특별히 신경 쓰라고 했다며 오찬 수락에 감사했다. 그러고 나서 정중하게 요청했다.

"각하, 오늘은 제가 각하를 영접하는 하얼빈 경호군단의 명예군단장입니다. 지금 열차 밖 플랫폼에서 제 군인들이 대열을 지어 각하를 환영하고 있습니다. 각하께서 저와 함께 군대를 사열해 주신다면 저로서는 더없는 영광이겠습니다. 제 청을 받아주시기 바랍니다."

이토 히로부미는 코코프체프의 요청을 거절할 이유가 없었다. 이토 자신도 러시아령 하얼빈에서 러시아 군대의 사열을 받는 것은 영광스러운 일이었다.

이토는 코코프체프의 청을 흔쾌히 받아들였다.

"유서 깊은 역사를 지닌 러시아 군대를 사열할 수 있다니 제 일생의 영광입니다."

"그렇게 말씀해 주시니 고맙습니다."

코코프체프의 얼굴에 환한 빛이 일렁거렸다.

이토 히로부미는 코코프체프의 안내를 받으며 기차에서 내렸다. 수행원들이 뒤를 따랐다. 코코프체프는 환영 나온 러시아의 주요 인물들을 이토 히로부미에게 소개했다. 이토 히로부미도 자신의 수행원들을 코코프체프에게 소개했다.

러시아 군악대의 장엄한 연주가 하얼빈 역에 울려 퍼졌다. 이토 히로부미와 코코프체프는 나란히 걸으며 의장대를 사열했다.

열병식이 끝나자 이토는 코코프체프에게 모자를 벗어 감사의 인사를 전했다.

이토는 일본인 환영인파 쪽으로 다가가려고 몸을 돌려 발걸음을 뗐다. 한 발짝, 두 발짝, 세 발짝.

바로 그때였다. 총소리가 들리며 다리가 허방을 짚는 듯 중심을 잃었다. 코코프체프가 자신을 안는 것 같았다. 눈앞이 캄캄해지며 끝없는 구덩이 같은 곳으로 몸이 가라앉았다.

이토는 자신의 심장에 총알을 박은 사람이 대한국 의군 참모중장 안중근이란 사실을 알지 못했다.

코레아 우라!

1909년 10월 26일, 아침이 밝았다. 나는 숨을 크게 들이쉬고 자리에서 일어나 깔끔한 새 옷으로 갈아입었다. 내가 바라고, 조국이 바라고, 대한의 백성이 바라는 거사를 앞에 두고 옷차림에도 의식을 치르듯 신경을 썼다. 대한국 의군 참모중장으로서 이토 히로부미 처단에 성공한다면, 나는 곧바로 체포될 것이다. 그때 당당한 모습을 보이자고 다짐했다. 나는 두 줄로 달린 윗옷 단추를 한 구멍 한 구멍 차례대로 끼우면서, 이 단추가 구멍에 정확히 끼워지는 것처럼, 내가 쏜 총탄이 이토의 심장에 명중되기를 빌었다. 모자를 눌러쓴 후 미리 준비한 7연발 브라우닝 단총을 황갈색 가방에서 꺼내 품 안 깊숙이 넣었다.

내가 머문 김성백의 집에는 여러 사람이 지내고 있었다. 나는 그 집 거실 한쪽을 사용했는데, 김성백은 나를 극진하게 대해 주었다. 집 밖으로 나서니 눈발이 날리고 있었다. 싸늘한 새벽 공기가 코끝을 거쳐 가슴으로 파고들었다. 나는 찬 공기를 깊이 들이마시며 조국 독립의 굳은 의지를 다시 한 번 다졌다.

　마침 빈 마차가 기다렸다는 듯 눈이 하얗게 쌓인 길을 달려왔다. 마부가 쓴 모자에도 하얀 눈이 쌓여 모자 색깔이 흰색 같았다. 말의 입에서도, 마부의 입에서도, 내 입에서도 숨을 쉴 때마다 허연 입김이 뿜어져 나왔다. 나는 마차에 올라 하얼빈 역으로 가자고 했다. 시계를 보니 오전 7시였다.

　역 입구에 도착해 마차에서 내렸다. 나는 아무 제지도 받지 않고 역 안으로 들어갔다. 역에는 러시아 군인들과 고관들이 이토를 영접하기 위해 바쁘게 움직이고 있었다. 찻집으로 들어가 철로가 잘 바라다보이는 곳에 자리를 잡고 차를 주문했다. 따뜻한 차를 마시며 언 손을 녹이고 긴장된 마음을 가라앉혔다. 결행의 순간에 혹시라도 손이 곱아 총알이 빗나가면 큰일이었다.

　차이자고우 역(창춘에서 하얼빈으로 향하는 도중에 있는 역)에서 거사를 준비했던 동지들은 실패한 게 분명했다. 만약 차이자고우에서 이토가 처단되었다면, 하얼빈 역이 이렇듯 붐빌 이유가 없었다. 그뿐만 아니라 차이자고우에서 성공했다면, 이미 하얼빈 신문이나 방송이 떠들썩했을 것이다. 이제 이토의 목숨은 내 손에 달려 있었다.

　결행의 시간이 다가오고 있었다. 나는 마음을 다지고 또 다지면서 차를 마셨다. 한 모금, 두 모금 천천히 차를 마시면서 하얼빈 역사를 꼼꼼히 살폈다.

　'기차에서 내릴 때 쏠까, 하얼빈 역을 나와 마차를 탈 때 쏠까, 총

알은 반드시 이토의 심장에 정확히 박혀야 한다. 어디에서 어떤 자세로 총을 쏘는 게 좋을까.'

나는 마음속으로 천주님께 곧 있을 거사의 성공을 빌었다.

이토를 환영하러 나온 사람들이 점점 늘어나 역사 안이 소란스러웠다.

'저 사람들은 이토의 진심을 모르는 것이 분명하다. 이웃 나라인 우리 대한제국을 교묘한 술수를 부려서 강제로 빼앗고, 이제 더 큰 야욕으로 만주까지 넘보는 늙은 여우 이토. 어찌하여 그의 속셈을 모른단 말인가. 이토는 죄 없는 약한 민족을 짓밟으면서도 겉으로는 대단한 자비를 베푸는 것처럼 세계의 선량한 사람들을 속이고 있다. 어째서 늙고 교활한 여우 이토를 이처럼 반기는가.'

나는 수많은 환영 인파를 보며 이토 히로부미의 거짓 평화 주장에 속아 넘어간 우매한 사람들이 이토록 많다는 사실이 안타까웠다.

찻집에 들어온 지 두어 시간이 되어 갈 때였다. 기적 소리가 들렸다. 이토 히로부미가 타고 오는 특별열차가 틀림없었다.

'이토에게는 저 기적 소리가 저승으로 가는 마지막 장송곡이 될 것이다.'

나는 두 주먹을 굳게 쥐고 심호흡을 한 후에 의자에서 일어섰다.

드디어 특별열차가 하얼빈 역으로 들어왔다. 정각 9시였다. 나는 결연한 마음으로 거사의 성공을 간절히 바라는 기도를 올리고 찻집 밖으로 나왔다.

역사는 환영 나온 사람들로 인산인해를 이루었다.

'어찌 하여 이토 히로부미를 환영하는 사람들이 이렇게나 많단 말인가.'

갑자기 내 가슴에서 분한 기운이 소용돌이치고, 머릿속에서는 노여움의 불길이 용솟음쳤다.

'어째서 세상 일이 이같이 공평하지 않은가. 슬프구나. 이웃 나라를 강제로 뺏고 사람의 목숨을 가벼이 해치는 자는 천지를 도도하게 누비고 다니는데, 어질고 약한 우리 민족은 왜 참혹한 곤경에 빠져 신음해야 하는가.'

나는 분한 마음을 간신히 누르고 기차를 응시했다.

기차가 멈추자 털모자 샤프카를 쓴 러시아 사람이 기차 안으로 들어가는 게 보였다. 한참 후, 기차에서 사람들이 내렸다. 의장대를 사열하려는 듯했다. 샤프카를 쓴 러시아 사람과 검은 모자를 쓴 흰 수염의 노인이 한 걸음 다가가자 의장대가 경례했고, 군악대는 일제히 환영곡을 연주하기 시작했다.

기차에서 멀리 떨어져 있던 나는 누가 이토인지 확실하게 알아야 하기 때문에 사열을 받기 위해 서 있는 러시아 군인의 뒤쪽으로 다가섰다. 바로 그때 러시아 관리들의 호위를 받으며 걸어오는 작달막한 동양인 늙은이가 보였다. 얼굴은 누렇고 흰 수염에 검은 중절모를 쓴 노인이었다. 나는 이토 히로부미를 본 적은 없었지만, 작은 키에 흰 수염을 내려뜨린 저자가 바로 이토라는 직감이 뇌리를 스쳤다.

'저 영감이 늙은 도둑 이토임에 틀림없다.'

순간 내 가슴에서 분노의 불길이 다시 이글이글 타올랐다.

'우리 민족과 가까이 지내던 러시아가 어떻게 이럴 수가 있는가. 이토가 우리 대한의 외교권을 빼앗고 무고한 백성을 짓밟으며 학살한 것을 모르지 않을 텐데, 어째서 이토록 환영하는 것인가. 저들도 이토의 속셈을 모르기 때문인가. 참으로 불공평한 세상이구나.'

내 앞에 서 있는 러시아 군인들이 '받들어 총!' 하며 이토 히로부미를 향해 부동자세를 취했다. 모든 사람의 시선이 이토 쪽을 향했다. 나는 이토 히로부미의 움직임을 한 치도 놓치지 않으려 집중했다. 사열을 끝낸 이토 히로부미가 환영하는 일본 사람들 쪽으로 몸을 돌리고 서너 발짝 뗐을 때였다. 이토의 오른쪽 가슴이 내가 서 있는 곳에서 정면으로 보였다.

'바로 지금!'

나는 단숨에 총을 빼들고 이토의 가슴을 향해 방아쇠를 당겼다.

탕! 탕! 탕! 탕!

연이어 네 발을 쐈다. 그 순간, 의구심이 들었다.

'혹시 저자가 이토가 아니면 어쩌지?'

신문에서 삽화로 그려진 이토의 모습을 보긴 했지만, 이토를 정확하게 알지 못했다. 나는 마음이 급했다. 다시 총을 들고 이토라고 여겼던 자의 곁에 있던 일본인들을 겨누었다. 러시아 사람을 해치면 안 되었다.

다시 방아쇠를 당겼다.

탕! 탕! 탕!

하얼빈 역사가 순식간에 아수라장이 되었다. 총소리에 놀라 땅바닥에 엎드린 사람, 도망치는 사람, 겁을 먹고 쓰러지는 사람, 쓰러진 일본 관리를 부축하는 사람들로 뒤죽박죽이었다. 이토를 경호하던 일본인들은 혼비백산하여 달아나고, 더러는 땅바닥에 엎어져 부들부들 떨었다. 러시아 군인들과 샤프카를 쓴 러시아 사람이 이토를 부축하는 게 보였다. 나는 승리감으로 가슴이 벅차올랐다.

그때였다. 러시아 군인의 억센 팔이 나를 덮쳤다. 나는 넘어지면서 권총을 땅에 떨어뜨렸다. 나는 벌떡 일어나 하늘을 향해 두 팔을 높이 쳐들고 목청껏 외쳤다.

"코레아 우라!"

"코레아 우라!"

"코레아 우라!"

러시아말로 '대한제국 만세'를 불렀다.

나는 내 의거의 정당함을 널리 알리려 일부러 러시아말로 '대한제국 만세'를 외쳤다. 하얼빈이 러시아 조차지이기 때문이다. 이제 내 임무를 마쳤으니 비겁하게 피하거나 달아날 이유가 전혀 없었다. 나는 당당하게 행동했다. 러시아 군인이 내 두 팔을 옴짝달싹 못하게 뒤로 젖히고 포승줄로 묶었다. 나는 떳떳하게 러시아군의 포로가 되었다.

'내가 쏜 사람이 반드시 이토이어야 하는데…….'

나는 총에 맞은 자가 틀림없이 이토 히로부미인지 확신이 서지 않았다. 러시아 군인 둘이 나를 양쪽에서 잡고 끌고 갔다. 나는 똑바로 앞을 응시하며 태연하고 당당하게 걸었다.

내가 끌려간 곳은 하얼빈 역 구내 철도 경찰국 당직실이었다. 도착하자마자 몸수색을 당했다. 러시아 경찰은 내 주머니에서 1루블과 총신에 남아 있던 마지막 총알과 총알이 장전되어 있는 브라우닝 리볼버 권총용 탄창을 압수했다.

곧바로 나는 일본 관헌이 지켜보는 가운데 러시아 국경지방재판소 제8구 밀레르 검찰관의 심문을 받았다. 내 말을 러시아말로 통역하는 러시아 사람의 발음이 정확지 않아 나는 바짝 긴장했다. 내 의사를 분명하게 전달해야 하기 때문이었다. 이윽고 통역사의 입에서 이토 히로부미가 죽었고, 일본 관리 세 명이 중상을 입었다는 말이 나왔다. 나는 내 목적을 이루게 해준 천주님께 감사했다.

코코프체프의 불안

　코코프체프는 총탄에 맞아 쓰러지는 이토 히로부미를 안는 순간 눈앞이 캄캄했다.
　'러시아 조차지인 하얼빈에서 어찌하여 이런 일이……'
　이토를 부축해 기차로 옮기는 코코프체프의 머릿속에는 여러 가지 생각들이 빠르게 떠올랐다. 늙은 몸으로 자신을 만나러 온 이토가 러시아 관할 지역에서 총격을 당했다는 사실이 일본과 러시아의 관계에 어떤 영향을 미칠지 걱정스러웠다. 이토의 사망을 확인하는 순간, 코코프체프는 자신이 이곳에 오게 된 것조차 한탄스러웠다.
　두 달 전인 1909년 8월, 러시아 황제 니콜라이 2세는 코코프체프를 불러 시베리아 횡단열차를 타고 극동으로 가라고 지시했다. 겉으로는 극동의 현지 정황을 알아보라는 것이었지만, 속내는 동청철도의 매각에 관한 일 때문이었다.
　러시아의 재정을 담당하고 있던 코코프체프는 미국의 철도왕 해리먼에게 동청철도를 매각하려 했다. 그러나 해리먼이 갑작스럽게 죽으면서 그 일은 무산되었다. 니콜라이 2세는 코코프체프에게 이번에는 반드시 동청철도를 매각하고 돌아오라고 했다. 황제의 특명을 받은 코코프체프는 출장 준비를 서둘렀다. 러시아의 중심인 상트페테르부르크에서 하얼빈까지는 상당히 먼 길이었다.

 10월 중순, 코코프체프는 재무성 사무국장과 동청철도 관리국 의장 및 동청철도 관리국장 서기와 함께 상트페테르부르크를 떠나 극동으로 향했다. 만주 역에 도착하자, 코코프체프를 하얼빈까지 수행할 국경수비대장과 동청철도 국장이 마중 나와 있었다.

 국경수비대장은 놀라운 소식을 전문으로 받았다며, 코코프체프에게 보여주었다.

 '내일 아침, 이토 히로부미 공을 영접하러 갑니다. 하얼빈 도착은 화요일 아침 9시로 예상됩니다.'

 코코프체프는 전문을 보는 순간 몹시 당혹스러웠다. 니콜라이 2세로부터 이토 히로부미에 관한 말을 전혀 듣지 못했기 때문이었다.

 코코프체프는 러시아가 일본과 전쟁을 벌이기 얼마 전에 이토 히로부미를 만난 적이 있었다. 당시 상트페테르부르크의 러시아 외무성에서 양국 간의 긴밀한 우호관계를 맺기 위한 회담을 했다. 그 회담 직후, 이토 히로부미는 곧바로 영국으로 건너가서 러시아에게는 배신행위와 다름없는 영일동맹을 맺었다. 그런 이중적인 행동을 한 인물이 바로 이토였다. 세계 최강의 러시아 발트 함대가 러일전쟁에서 속수무책으로 일본에 무너진 것은 영국 때문이었다. 일본은 영국을 앞세워 모든 항구에서 발트 함대의 함선이 물과 식량, 기타 물자를 보급받지 못하게 막았다. 또 수에즈 운하도 통과할 수 없게 해 발트 함대는 아프리카 대륙을 돌아서 동아시아로 가야 했다.

코코프체프는 이토 히로부미가 겉과 속이 다른 교활하고 노련한 정치가임을 다시 한 번 상기했다. 이토의 술수에 넘어가지 않으려면 정신을 바짝 차려야 했다.

코코프체프는 10월 24일, 하얼빈에 도착했다. 회담 준비 상황을 확인해 보니, 회담이나 체류 절차는 하얼빈 주재 일본 총영사 카와카미 도시히코와 호르바트 장군이 만나 이미 합의한 상태였다. 코코프체프는 이토와의 회담이 안전하게 치러지도록 온 힘을 쏟으라고 호르바트 장군에게 다시 한번 지시했다.

코코프체프는 이토 공의 환영객을 선별하여 초청장을 보내자고 했다. 하얼빈이 러시아 관할이니 혹시라도 있을지 모를 불상사를 미리 방지하기 위해서였다.

그러나 카와카미 일본 총영사는 모든 일본인이 하얼빈 역 안을 자유롭게 입장할 수 있게 해달라고 요청했다. 이는 하얼빈 지역에 살고 있는 일본인의 청원에 따른 것이라고 강조했다. 덧붙여 카와카미 총영사는 하얼빈 역 플랫폼 입장권을 모든 일본인에게 나누어주기도 어려운 일이며, 이토 공은 일본인들이 가장 존경하는 인물이니 이토를 보러 오는 사람들이 매우 많을 것이라고 했다. 초청 명단을 작성해 초청장을 발송할 경우, 초청장을 받지 못한 사람들이 모욕을 느낄 수 있다며 모든 일본인에게 하얼빈 역 플랫폼 출입을 자유롭게 허용하는 것이, 이토 히로부미에 대한 존경심을 마음껏 드러내게 하는 일이라고 강조했다.

코코프체프는 카와카미 총영사의 요청을 수락하고, 하얼빈 시 경무사령관과 철도국 경찰서 관리들에게 카와카미 총영사가 원하는 대로 따르도록 했다.

이토 히로부미가 도착하기 하루 전날인 10월 25일 저녁, 코코프체프는 수행원 르보프와 함께 하얼빈 역 주변을 산책했다. 하얼빈 역의 밤 풍경은 참으로 아름다웠다.

대기는 바람 한 점 없이 고요했고, 기온은 영하 10도쯤 되는 것 같았다. 코코프체프는 한 시간가량 역 주변을 둘러보았다. 3등 칸 대합실 창문 앞에서 잠시 멈췄는데, 대합실 천장에 매달려 있는 아세틸렌 등불이 유난히 환했다. 그 불빛 때문에 대합실 중앙에 놓여 있는 책상과 의자들이 무척 깨끗해 보였다. 코코프체프는 손님을 맞이하기 위해 하얼빈 역을 청결하게 하느라 비용이 많이 들었을 것 같다고 르보프와 농담을 주고받았다.

이튿날 아침 9시, 예정대로 이토 히로부미를 태운 열차가 하얼빈 역으로 들어왔다. 코코프체프는 열차가 멈추자마자 열차 귀빈 객실로 올라갔다. 객실 내 책상 옆에 이토가 서 있었다. 이토 히로부미는 키가 작아서 머리가 몸에 비해 지나칠 정도로 커 보였다. 약간 피곤해 보였지만 눈빛은 예리하게 빛났고 얼굴은 온화한 몽골 유목민 같은 인상을 풍겼다.

이토 히로부미가 먼저 인사를 건넸다. 코코프체프는 이토에게 동청철도 관리국의 간부와 수행원 몇 사람을 소개할 수 있게 해달라고 청했다. 그리고 나서 코코프체프는 이토에게 의장대를 사열해 달라고 하면서 러시아에서는 특별히 존경하는 인물에게 예를 갖추는 격식이 의장대 사열이라고 강조했다. 코코프체프의 제안에 이토 히로부미는 흔쾌하게 동의했다.

이토는 자신이 만주까지 온 목적이 코코프체프를 만나서 중요한 의견을 듣기 위한 것이라고 힘주어 말했다. 코코프체프는 '역시 속내가 따로 있군.' 하고 생각하면서 이토의 일거수일투족을 조심스럽게 살폈다.

이토 히로부미는 양국의 이해관계가 밀접하게 얽혀 있는 만주에서, 자신과 코코프체프가 만나는 것에 큰 의미를 부여한다고 했다.

"나는 이미 늙었고, 내 생각을 표현하기 전에 많이 생각하는 데 익숙해져 있습니다. 우리가 서로 많은 것에 관해서 대화를 나누게 되기를 바랍니다. 저와 달리 귀하께서는 매우 솔직하게 자신의 의사를 표현하는 것 같아 우리의 만남이 행복하게 느껴집니다. 저도 귀하에게 솔직하지 않을 이유가 없습니다. 귀국 러시아나 러시아 황제에게 불쾌하게 할 이유가 없음을 명백하게 말씀드리겠습니다. 일본은 더 이상 러시아에 대항하지 않을 것입니다. 일본과 러시아 간에 어떠한 오해도 생기지 않도록 양국의 가장 진심 어린 우호관계가 중요하다고 생각합니다. 또한 귀하와 개인적인 이야기를 나눌 수 있을 거라는 희망이 있습니다. 오늘 이렇게 양국의 이해관계를 가까이서 의논할 수 있게 되어 대단히 기쁩니다."

이토는 제2의 러일전쟁은 없을 거라는 뜻을 담아 말하면서도 눈길은 사냥감을 찾는 야수처럼 빛을 발했다. 코코프체프는 이토 히로부미의 눈빛에서 그가 이번 방문을 얼마나 긴요하고 의미 있는 일로 여기는지 읽을 수 있었다.

코코프체프는 이토 히로부미와 함께 귀빈 객실을 나와 기차에서 내렸다. 호르바트 장군이 이토를 기다리고 있었다. 코코프체프는 이토에게 호르바트 장군을 소개했다. 이토는 호르바트 장군에게 특별 열차를 준비하고 여러 가지로 편의를 봐준 것에 극진하게 감사 인사를 했다.

코코프체프는 의장대를 사열하기 위해 이토와 나란히 섰다. 국경 수비대 소속 변방 아무르 관구 제19중대에서 선발한 의장병들이 받들어 총 자세로 도열해 있었다. 이토 히로부미는 사열을 마치고 환영 나온 각 단체 기관장들과 인사를 나누었다. 코코프체프는 기관장들을 일일이 소개했고, 이토도 그들 한 명 한 명에게 악수를 청했다.

인사가 끝난 후 코코프체프가 이토에게 말했다.

"귀하를 귀국의 총영사에게 인도하겠습니다. 그와 함께 하얼빈에 거주하는 일본 국민과 인사를 나눌 수 있으실 겁니다. 귀하는 이제 귀국 관할 구역으로 들어가는 것이니, 우리 측 권리를 모두 양보하겠습니다."

　코코프체프의 말에 이토 히로부미는 야릇한 미소를 지으며 오른손으로는 중절모를 벗으며 왼손으로 코코프체프의 손을 잡고 감사를 표했다. 코코프체프는 이토에게 일본인들이 모인 곳까지 갈 수 있는 공간을 내주기 위해 방향을 틀었다. 이토는 러시아 대표단과 간격을 두면서 일본인들이 모여 있는 쪽으로 발걸음을 옮겼다.

　그때였다. 코코프체프는 퍽 하는 소리를 들었다. 바로 옆에서 나는 소리였다. 눈 깜짝할 새 총성 몇 발이 더 울렸다. 코코프체프가 총소리임을 알아차린 순간, 이토의 몸이 휘청이더니 코코프체프 쪽으로 기울었다. 코코프체프와 옆에 서 있던 비서 카라세프가 쓰러지는 이토를 부축했다. 이토의 거친 신음이 짤막하게 들렸다.

　총소리가 더 들리고, 수행원 몇이 더 총상을 입은 것 같았다. 이토를 환영하러 나온 사람들은 놀라서 황급히 달아나고, 한순간에 사람들이 뒤엉켜 소리를 지르며 우왕좌왕했다. 이토를 수행하던 일본 수행원들도 혼비백산했다. 하얼빈 역은 순식간에 아수라장이 되었다.

　코코프체프는 이토의 상체를 그러안고 비서 카라세프는 이토의 다리를 붙잡았다. 러시아 군인이 달려와 이토의 몸을 부축해 셋이서 이토를 기차로 옮겼다. 이토 히로부미는 거의 의식을 잃은 상태였다. 뒤이어 다리에 총상을 입은 통역관 다나카가 사람들의 부축을 받으며 기차 안으로 급히 들어왔다. 다나카는 이토의 옆방으로 들어갔다. 카와카미 일본 총영사와 이토의 수행원도 총상을 입었는데, 철도병원으로 실려 갔다고 했다. 이토의 얼굴은 백지장처럼 하얘졌고, 곧 의식을 완전히 잃었다. 가슴의 심장 부위에 총탄 흔적이 나 있었다.

누군가가 코코프체프에게 일본인 의사를 불렀으니, 이제 객실에서 나가 달라고 했다. 코코프체프는 수행원들에게 철도병원으로 실려 간 총영사의 상태를 알아보라고 지시했다.

잠시 후 일본인 의사가 이토가 누워 있는 객실로 급히 들어갔다. 코코프체프는 밖에서 초조하게 의사의 진단을 기다렸다. 그 시간이 한없이 길게 느껴졌다. 호르바트 장군도 수행원들과 함께 의사를 기다리며 허둥거리고 있었다. 총을 쏜 범인은 곧바로 잡혀서 철도 헌병감시대에서 삼엄하게 지키고 있다는 보고가 들어왔다. 곧이어 다른 보고에서 범인은 한국인이며 자신의 이름을 밝혔다고 전했다.

그때 이토 히로부미의 수행원 하나가 객실에서 나와 코코프체프에게 이토 공작이 숨졌다고 말했다. 코코프체프는 급히 객실 안으로 들어갔다. 수행원이 다른 사람은 들어오지 못하게 막았다. 이토는 접이식 식탁 위에 누워 있었다. 머리에는 코코프체프가 급히 받쳐준 베개가 그대로 있었다. 이토에게 흑갈색 비단 두루마기가 입혀져 있었다. 이토의 표정은 매우 평온해 보였다. 코코프체프는 이토의 시신에 인사하고 객차 밖으로 나왔다.

코코프체프가 막 발길을 떼려는데, 이토의 통역관인 다나카가 급하게 코코프체프를 찾는다고 했다. 다나카는 이토의 시신이 있는 옆 칸에 누워 있었는데, 다리에 붕대가 감겨 있었다. 상처가 깊지만 생명에는 지장이 없다고 했다.

코코프체프가 들어서자마자 다나카가 급히 물었다.

"공작의 시신을 언제쯤 모셔갈 수 있습니까? 우리는 공작을 일본이 관할하는 남만주철도 구역으로 바로 모셔가야 합니다. 그곳에서 공작의 시신을 본국으로 송환하라는 지시를 기다려야 합니다."

코코프체프는 불안해하는 다나카를 안심시켰다.

"범인도 이미 잡혔으니 언제든 원할 때 모셔가도 됩니다. 다만, 특별열차를 준비하는 데 시간이 좀 걸릴 것입니다."

코코프체프의 말에 호르바트 장군이 빠른 시간 내에 떠날 수 있도록 특별열차를 준비하겠다고 말했다.

코코프체프는 하얼빈 시내의 추린 상점에 들러 철제 화환 중 점토로 꽃을 만든 가장 비싼 화환을 골랐다.

코코프체프는 이토의 시신을 특별열차에 태우고 직접 산 화환도 함께 실었다. 남만주철도 구역까지는 아파나시예프 장군이 호송 책임을 졌다. 밤 12시 반에 이토의 시신은 하얼빈 역을 떠났다.

코코프체프는 카와카미 총영사의 상태가 궁금해서 외투를 걸치고 밖으로 나왔다. 일본에서 온 기자들이 코코프체프에게 달려들며 막무가내로 따지고 들었다.

"언제 기자회견을 할 겁니까? 당신이 경호를 잘못해서 우리가 이토 공작을 잃었습니다. 당신이 책임지시오!"

"이토 공작보다 더 젊은 당신이 일본으로 갔어야 했습니다. 우리가 우리 이토 공작을 잃은 건 당신 때문이오! 얼른 기자회견을 열어 진상을 밝히고 사과하세요!"

일본 기자들이 몹시 무례하게 굴었다. 경비병들이 기자들을 간신히 제지했다.

코코프체프는 기자들에게 큰 소리로 말했다.

"당신들의 총영사를 만나고 나서, 기자회견을 할 테니 잠깐 기다리시오!"

기자들은 코코프체프의 말을 가로막으며 당장 시간을 내라고 소리를 질렀다. 코코프체프는 경비병들의 도움으로 기자들을 제치고 카와카미가 누워 있는 병원에 도착했다.

카와카미 총영사는 코코프체프를 보자마자 눈물을 흘렸다.

"나는 이토 공이 죽을 때 함께 죽었어야 했습니다. 이 일을 어찌하면 좋겠습니까?"

카와카미는 완전히 이성을 잃은 것 같았다.

"나 때문입니다. 귀하가 하얼빈에 사는 일본인들에게 초대장을 보내 신분을 확실하게 확인하는 게 좋겠다고 했는데, 그 말을 듣지 않은 나 때문에 이토 공이 죽었습니다."

카와카미는 체면도 생각지 않고 코코프체프 앞에서 엉엉 소리 내어 울었다.

"난 죽어야 했습니다. 아, 이토 공과 함께 죽었어야 했는데……."

코코프체프는 이성을 잃은 총영사를 간신히 달래면서 말했다.

"귀국 기자들에게 앞뒤 정황을 사실대로 알려주시면 좋겠습니다. 이 병실에 오기까지 당신 나라 기자들이 나를 너무 모욕했습니다."

카와카미 총영사가 누운 채로 고개를 계속 끄덕였다. 코코프체프가 강하게 말했다.

"만약 귀국 기자들이 계속해서 나를 모욕하면 하얼빈 역에서 모두 추방하겠습니다!"

"알겠습니다. 제가 당장 그만두게 하겠습니다. 아, 이 일을 어찌하면 좋단 말인가. 나도 함께 죽었어야 하는데……."

카와카미 총영사는 계속해서 자기 때문에 이토 공이 죽었다고 눈물을 흘리며 자책했다.

코코프체프가 역 사무실로 돌아오자 수많은 기자와 일본 사람들이 코코프체프를 둘러쌌다. 기자들은 여전히 이토 공작이 죽은 이유가 러시아 측에서 안전 조치를 취하지 않았기 때문이라고 비난했다. 심지어 한 기자는 이토가 늙은 몸을 이끌고 하얼빈에 오는 대신 이토보다 젊은 코코프체프가 일본으로 갔어야 했다며, 코코프체프 때문에 이토 히로부미가 죽은 것처럼 떠들고 있었다. 일본 기자들의 이 같은 비난은 코코프체프에게뿐만 아니라, 러시아에도 매우 모욕적이었다.

코코프체프는 기자회견을 열고 큰 소리로 말했다.

"내 말 잘 들으십시오. 당신네 일본의 총영사 카와카미에게 이토 공작의 환영식에 관한 모든 책임이 있습니다. 러시아 철도 당국은 이

번 사건과 관련해서 아무 잘못이 없음을 알아야 합니다. 러시아에서는 일본인들에게 초청장을 보내 사람들이 하얼빈 역에 들어올 때 신분을 확인할 수 있어야 한다고 말했습니다. 하지만 카와카미 총영사가 이에 극구 반대했습니다. 결국 출입증 없이 아무나 하얼빈 역사에 맘대로 들어올 수 있었고, 그 때문에 이토 공작도 변을 당하게 된 것입니다. 당신네 기자들이 자세한 상황도 모르면서 나와 러시아를 모욕하는 것을 더는 용납할 수 없습니다. 이 사실을 일본 영사관에 당장 확인해 보십시오."

코코프체프의 말이 끝나자마자 일본 기자들은 한동안 자기들끼리 수런거렸다. 코코프체프에게 사과하는 기자도 있었다.

"죄송합니다. 우리도 얼마나 놀라고 당혹스러웠으면 그랬겠습니까? 우리의 심정을 이해하시고 헤아려 주십시오. 이렇게 사과를 드립니다."

코코프체프는 사과하는 일본 기자에게 그제야 고개를 끄덕이고 자리를 떴다.

밀레르 검사의 심문

내 예심은 러시아 국경지방재판소 제8구 조사실에서 러시아 사람인 밀레르 검사가 맡았다. 밀레르는 러시아인 특유의 굵은 목소리로 내가 어느 나라 사람인지, 이름이 무엇인지, 사는 곳이 어딘지, 왜 이토를 죽이려고 했는지 조목조목 물었다.

"이름은 안응칠, 나이는 서른한 살이다. 나는 한국인이며 천주교도이다. 출신지는 원산 근처다."

밀레르 옆에서 통역을 맡은 스테판 페트로비치 박이 내 말을 밀레르에게 전했다. 밀레르가 다시 물었고, 페트로비치 박이 내게 밀레르의 말을 전했다.

"언제 어디서 하얼빈으로 왔는가?"

"하루 전에 블라디보스토크에서 왔다."

"어떻게 하얼빈 역 안으로 들어올 수 있었지?"

밀레르는 잠시의 틈도 주지 않고 계속해서 물었다. 나 역시 통역의 말이 끝날 때마다 지체하지 않고 또박또박 대답했다.

"나는 하얼빈 역 안에 있는 3등 칸 대합실에서 밤을 보냈다. 신분증을 검사하지 않아서 일본인과 뒤섞여 자유롭게 들어올 수 있었다."

나는 나를 도와준 사람들에게 피해를 주지 않기 위해 지난밤에 3등 칸 대합실에서 있었다고 거짓말을 했다.

"당신이 누구인지 묻는 사람이 아무도 없었는가?"

"없었다."

"당신을 도와준 자들은 누구인가?"

"나는 혼자 거사를 수행했다. 공모자는 없다."

밀레르 검사는 나를 심문한 뒤, 하얼빈 주재 러시아 총영사 포페에게 이 사건은 러시아 사법당국이 사전 예심을 해야 한다고 주장했다.

그 이유는 첫째, 내가 한국인임을 증명할 만한 자료가 전혀 없고, 설령 한국인이 맞는다고 해도 현재 하얼빈 주재 일본 총영사 카와카미가 부상을 당해 예심을 수행할 수 없다고 했다. 둘째, 하얼빈이 러시아 조차지이니 하얼빈에서 벌어진 사건은 러시아 사법 당국에서 예심을 해야 한다고 주장했다.

그러나 러시아 총영사 포페는 이 사건은 동청철도 구역 내에 있는 하얼빈의 사법권에 따라야 하므로 내가 한국 국적이 분명하다면, 한국의 외교권이 일본에 있으니 일본 총영사가 심문해야 한다고 대답했다. 하지만 내게는 내가 한국인임을 증명할 만한 것이 전혀 없었다. 밀레르 검사는 일본 총영사 카와카미도 내 국적을 증명할 수 없으니, 러시아 사법 당국이 예심하는 것을 반대할 수 없을 것이라고 했다.

내 국적 문제로 옥신각신하더니 밀레르 검사가 정식으로 예심을 시작했다.

"이토 히로부미만 사살하려 했나? 아니면, 다른 사람도 살해할 목적이 있었나?"

"오직 이토 히로부미 한 사람만이 내 목표였다."

"그렇다면 왜 다른 사람에게도 총을 쏘았는가?"

"나는 오직 이토를 제거할 목적이었다. 하지만 직접 이토를 본 일이 없어 내가 총을 쏜 사람이 이토인지 확신할 수가 없었다. 따라서 이토일 가능성이 있는 사람 몇 명에게 더 총을 쏘았다. 이토가 아닌 사람들에게는 미안한 마음이다."

"러시아 인사들도 암살할 계획이었는가?"

"아니다. 우리 대한제국을 농락한 이토만이 내 목표였다."

밀레르는 내 대답을 듣고 데르자비치와 이바노프 검사를 입회하게 했다. 하얼빈 주재 일본 총영사관 서기인 쓰기노도 참석시켰다. 동청철도 경찰국장 직무대리인 니키포로프 헌병대위, 철도경찰국 하얼빈 분과장인 크나프 헌병대위, 하얼빈 경시총감 직무대리인 체르노글라조프 헌병대위, 하얼빈 경찰서 수사과장인 폰 규겔렌 2등대위 등 하얼빈의 철도경찰국 관리들이 속속 도착해서 밀레르에게 자신을 소개하며, 내 예심에 관심을 갖고 지켜보았다.

이토 히로부미를 수행했던 러시아 재무대신 코코프체프와 국경수비대 단장 프이하체프 중장, 재무성 사무국장 5등관 르보프도 이 사건의 증인으로 와 있었다.

　나는 조사실 구석에 있는 의자에 앉아 있었다. 내 양쪽에서는 하얼빈 시 경찰국 소속의 보초병들이 나를 삼엄하게 감시했다. 밀레르 검사는 내 증언들이 사실인지 아닌지를 밝혀내려고 계속 질문을 퍼부었다.

　잠시 후, 사진기사가 사진기를 든 채 러시아 군인과 함께 취조실로 들어섰다.

　"검사님, 현장에 있던 사진기사입니다. 여기, 필름과 사진기를 압수했습니다."

　러시아 군인의 말에 밀레르 검사가 사진기사에게 물었다.

　"이름과 국적을 말하시오."

　"국적은 러시아, 이름은 코부체프입니다."

　"당신은 우리가 허가한 사진기사가 아닌데, 무엇을 찍은 겁니까?"

　"예, 저는 공식 허가를 받지 못해 의장대 뒤에 떨어져 있어서 범인과 가까이 있었습니다. 그 덕분에 아주 중요한 순간을 다 찍을 수 있었습니다. 제 필름에는 세세한 현장 상황이 모두 담겨 있습니다."

　사진기사의 말에 모여 있던 사람들이 술렁거렸다. 나는 사진기사가 내 거사를 정확하게 찍었다는 말을 듣는 순간, 내 거사가 만천하에 분명하게 알려질 수 있을 거라는 생각에 가슴이 뛰었다. 증거물은 많을수록 좋았다. 그래야 내가 이토를 처단한 것을 더 많은 사람이 알게 될 것이기 때문이었다.

"그 사진은 중요한 증거 자료가 될 것이오. 당신은 우리에게 긴밀하게 협조해 주길 바랍니다. 그럴 수 있겠소?"

밀레르가 질문하자 사진기사 코부체프가 침착하게 대답했다.

"저는 어디까지나 개인적으로 촬영한 것이니 부담을 가질 필요 없습니다. 사안이 중요한 듯하니 힘껏 협조하겠습니다."

사진기사의 말에는 흥분이 배어 있었다. 러시아 국경수비대 프이하체프 중장이 밀레르에게 물었다.

"밀레르 검사님, 혹시 일본에서 이 필름을 요구하지 않겠습니까?"

밀레르가 바로 고개를 저었다.

"여기는 러시아 조차지입니다. 코부체프 또한 러시아 사람이고, 개인적으로 촬영한 사진입니다. 그러니 일본이 외교 문제를 일으키면서까지 이 일에 깊이 관여하지는 못할 것입니다. 코부체프, 당신도 일본과 마찰이 생기지 않도록 하십시오. 우리와 의논해서 잘 대처하는 게 좋겠습니다."

"알겠습니다."

러시아 군인이 사진기사와 함께 취조실 밖으로 나갔다. 밀레르는 사진이 일본인들의 손에 넘어가면 사건의 진실이 은폐될 수 있다고 생각하는 것 같았다.

다시 예심이 계속되었다. 나는 거사 하루 전, 하얼빈 역에서 차도 마셨고, 역 주변 거리를 서성이며 밤을 보냈다고 말했다. 검사는 코코프체프와 크나프 헌병대위 등 열여덟 명이나 되는 증인들에게 내 진술이 사실인지 아닌지를 먼저 확인했다.

코코프체프는 전날 밤 하얼빈 역의 날씨와 정황을 아주 상세하게 묘사하면서 자신이 어떻게 새벽 시간을 보냈는지 진술했다. 코코프체프의 증언이 끝나자 밀레르는 나에게 그의 진술을 이해했느냐고 물었다. 나는 그가 누군지 모르지만, 다 이해했다고 대답했다.

나는 당일 새벽에는 하얼빈 역에서 지내지 않았고, 어디에서도 그를 본 적이 없다고 대답했다. 또 하얼빈에 도착한 것은 하루 전이 아니며, 이토 히로부미의 도착을 기다리면서 하얼빈의 어디에서 시간을 보냈는지는 말하지 않겠다고 했다. 이토 히로부미를 살해할 때 나를 도와준 사람은 없으며, 내가 한 일에 대해서는 당당하게 책임지겠다고 분명하게 대답했다.

검사에게 심문받는 동안, 2등대위인 폰 규겔렌과 하얼빈 경찰서 경찰들이 하얼빈 레스나야 거리 28번지에 사는 김성백의 집을 수색하고, 수색 과정에서 파악한 한국인들의 집에서 증거자료 여섯 건을 찾아냈다는 소식이 날아왔다. 증거자료들은 장전된 리볼버 권총과 러시아어 및 한국어로 쓴 비밀 서신, 동청철도 여러 지점과 이르쿠츠크 간에 오고 간 전보 영수증이라고 했다. 또 가택을 수색하면서 한국인 여섯 명을 체포했다고 했다. 나는 속으로 깜짝 놀랐다. 어떻게 김성백의 집까지 알아냈는지 참으로 놀라지 않을 수 없었다.

내가 한국 국적의 한국인임을 증언한 인물은 차이자고우 역에서 근무하던 러시아 하사관 세민이었다. 세민은 하얼빈 시 제8구역 치안판사의 심문에서 나를 알아보았다. 세민은 내가 10월 24일에 우덕순과 조도선과 함께 차이자고우 역에 도착했는데, 나 혼자서만 25일에 하얼빈으로 떠났다고 증언했다. 그는 내가 차이자고우 역에 있을 때, 러시아에서 발부한 내 여행증명서를 확인했다고 증언했다.

세민은 이어서 세 사람 중 한 사람은 러시아말을 자유롭게 구사했다고 말했다. 러시아말을 하는 사람이 자신에게 하얼빈과 창춘역 구간의 열차운행 시간표를 물었으며, 세 사람이 역 간이식당으로 들어갔다고 증언했다. 세민은 외국인들이 아무 짐도 없이 외딴 역에 머무는 것을 수상하게 느꼈다고 했다. 특히 세 사람에게 누구를 기다리느냐고 물었을 때, 한 명은 동생을 기다리고, 두 명은 어머니와 친척 누이를 기다린다는 말을 들었다고 증언했다.

세민은 세 사람에게 여행증명서를 제시하라고 요구했는데, 두 사람의 여행증명서는 예니세이스크(시베리아 동부 예니세이 강을 끼고 있는 도시) 주지사가 발행한 것이었고, 다른 한 사람은 연해주 주지사가 발행한 것이었다고 말했다.

세민은 내가 차이자고우 역에서 하얼빈으로 떠날 때, 다른 두 사람과 작별인사를 나누던 것이 특별히 인상에 강하게 남았다고 증언했다. 나는 그때 비장한 마음으로 땅에 엎드려 동지들과 큰절을 주고받았는데, 그 모습이 세민의 기억에 각인된 것 같았다. 그때 나와 동료들의 얼굴이 슬픔에 잠겨 있었고, 눈에선 눈물이 글썽였다고 말했다. 세민은 내가 4호 열차를 타고 하얼빈으로 떠났다고 정확하게 진술했다.

세민은 이튿날 아침인 26일에 이토 히로부미가 탄 열차가 오전 6시 10분에 차이자고우 역을 지나가기로 되어 있었는데, 간이식당 방에 머무는 내 동지들이 이토와 관련이 있을지도 모른다는 생각이 들어 내 동지들을 가두었다가 기차가 통과한 후에 풀어주었다고 대답했다.

세민은 그로부터 얼마 후, 이토 히로부미가 저격을 당해 죽었고 그의 시신이 특별열차로 이송된다는 소식을 듣고, 내 동지들을 체포했다고 밝혔다. 이때 세민은 내 동지들의 소지품에서 예비 탄창과 장전된 브라우닝 권총과 23발의 총탄, 스미스 베손 식 5연발 권총 등을 압수했다고 말했다.

세민은 체포한 두 한국인을 당직 사관실로 이송해, 방문 목적이 무엇이냐 물었더니 이토 히로부미를 죽이기 위해 왔다고 대답했다고 말했다. 그들에게 이미 이토가 죽었다고 했더니, 조도선은 이토를 살해한 사람은 분명히 우리 동지일 것이라며 기뻐했다고 증언했다. 얼마 지나지 않아 체포한 한국인들을 하얼빈으로 이송하라는 지시를 받았다고도 했다. 세민은 모든 정황을 활동사진을 되돌리듯 정확하게 진술했다.

나는 세민의 증언을 듣고 이미 조도선과 우덕순 동지도 내가 이토 처단에 성공한 것을 알고 있음을 확인할 수 있었다.

마침내 예심 결과가 나와 내 국적이 한국이라는 사실이 명확하게 드러났다.

러시아 조사관들은 하얼빈 역내 러시아 헌병 분소에다 꽤 긴 시간 동안 나를 묶어놓고 긴밀하게 조율하는 듯 보였다. 날이 저물고 나서도 한참 후에야 러시아 경찰이 나를 마차에 태웠다.

이토 히로부미를 처단한 지 14시간이 지난 10월 27일 새벽 1시, 나는 함께 체포된 사람들과 함께 하얼빈 역 구내 러시아 경찰국에서 끌려 나와 어딘가로 실려 갔다.

나는 나를 어디로 데려가는지 무척 궁금했다. 하얼빈은 중국 땅이지만 러시아 조차지이니 러시아 관할이라 재판은 러시아에서 하거나, 제3국에서 만국공법으로 진행해야 마땅했다. 그래야 내 목적을 이룰 수 있었다. 내 목적은 세계만방에 대한제국의 주권을 침탈한 이토 히로부미와 일본의 제국주의 만행을 고발하는 것이었다.

내가 하얼빈 역을 빠져 나온 시각보다 30분 전에, 하얼빈 역에서는 시간표에도 없는 열차가 급히 역을 빠져 나갔다고 했다. 바로 이토 히로부미의 시신을 실은 특별열차였다.

러시아, 손을 털다

안중근의 예심을 맡았던 밀레르 검사의 검사보가 코코프체프에게 예심판사와 밀레르 검사의 심문 내용을 전해 주었다. 범인이 전날 밤에 하얼빈 역 3등 칸 대합실에 들어와서 밤을 보냈다고 진술했다는 것이다. 코코프체프는 검사보에게 자신이 전날 밤 르보프와 함께 하얼빈 역내를 산책했다며 그때의 정황을 진술하겠다고 했다. 왜냐하면 범인의 진술에 따라 러시아 철도 당국에 불리한 일이 발생할 수 있기 때문이었다. 얼마 후 검사보가 코코프체프에게 진술을 부탁한다는 전갈을 가지고 왔다.

코코프체프는 곧바로 러시아 국경지방재판소 제8구 조사실로 갔다. 범인은 방구석에 서 있었고, 양옆에선 경찰국에서 나온 보초들이 감시하고 있었다. 범인은 무척 젊은 데다 얼굴도 잘생겼으며 큰 키에 체구도 훌륭했다. 코코프체프는 범인이 일본인만 골라서 공격했고, 러시아 사람은 자신을 비롯해 털끝 하나 건드리지 않으려고 노력했다는 사실을 다시 한 번 떠올렸다.

사진기사인 코부체프의 증언은 상당히 중요한 세부 장면까지 그림을 보듯 확연했다.

"범인은 놀랍도록 침착했습니다. 이토 히로부미를 향해 네 발을 발사하고, 급히 왼쪽으로 돌아 몇 발을 더 쏘아 이토 히로부미를 수행하던 일본 고위 관리들에게 총상을 입혔어요. 그런데, 혹시라도 러시아 관리들이 다칠까 봐 권총을 일본인에게만 침착하게 조준하며 발사했습니다."

러시아 신문 〈하르빈스키 베스트니크〉는 코부체프의 증언을 전하면서, 범인의 손이 아주 조금만 떨렸거나, 총구가 살짝만 흔들렸어도 이토 공 바로 옆에 있던 코코프체프에게 파멸적인 종말을 가져다줄 수도 있었다는 점을 강조했다. 그러면서 범인의 침착성 덕분에 그런 일은 일어나지 않았다고 보도했다.

검사 밀레르는 총상을 입은 사람들의 몸속에 총알 조각들이 남아 있는 것을 보고, 이 총알들이 몸속에서 파열되지 않았다면 가까이 있는 사람들의 몸도 관통했을 것이라고 말했다. 만약 그랬다면 이토 바로 옆에 있던 코코프체프의 몸에도 총알이 박혔을 것이라는 뜻이었다. 코코프체프는 그런 이유 때문인지는 모르지만, 범인의 인상에서 확고한 신념을 느낄 수 있었다.

코코프체프는 전날 밤에 르보프와 산책할 때 하얼빈 역내에는 아무도 없었으며, 3등 칸 대합실 역시 불만 환하게 켜져 있었다고 진술했다. 검사가 범인에게 코코프체프의 진술을 어떻게 생각하느냐고 물었다. 범인은 침착하게 대답했다.

"증인의 진술은 다 이해했다. 나는 증인을 모르고, 또 어디서도 본 적이 없다. 단지 그가 말한 것들이 사실이라는 것을 인정한다. 실제로 나는 어젯밤에 하얼빈 역에 있지 않았다. 하얼빈에 도착한 시기도 어제가 아니다. 하지만 내가 언제 어디에서 왔는가는 밝히지 않겠다. 나를 도와준 사람은 아무도 없고, 이토를 죽이기로 결정한 것도 나 혼자이다. 그러므로 내가 한 일은 오직 나 혼자서 책임을 지겠다."

범인의 말은 분명하고 사리에 맞았다.

코코프체프는 상황이 매우 급박하게 돌아가는 바람에 정신없이 바빴다.

조사실에서 나온 코코프체프는 곧바로 이토의 시신을 실은 특별열차로 갔다. 철도국장과 하얼빈 시청에서 보낸 화환이 열차에 실렸고, 코코프체프가 추린 상점에서 직접 산 화환도 실려 있었다. 특별열차는 곧 창춘역으로 출발했다.

각 나라 신문에서 이토 살해 사건과 범인에 관한 기사들을 실었다. 일본 신문들은 이토의 죽음을 애도하고 있었고, 한국에서도 애도 인파가 늘어나고 있다고 했다. 극동에서 활동하는 러시아 첩보원들의 보고는 조금 달랐다. 세계 여러 나라에서 일본의 한국 영토에 대한 무력 침략 행위를 비판하고 있으며, 한국 애국자들의 투쟁은 나라의 독립을 위해 이루어진 것이라는 공정한 평가였다.

일본 신문 중에는 일본이 러시아를 경계해야 하며, 러시아가 한국에 우호적이라는 점을 강조하는 기사가 실린 신문도 있었다. 러시아 신문들은 러시아 당국이 사전에 범행을 예방할 수 없었던 점에 관해 자세히 실었다. 하얼빈 주재 일본 총영사 카와카미가 러시아 철도 담당자에게 행사 당일에 일본인들이 역을 자유롭게 통과할 수 있게 해달라고 부탁했기 때문이라는 점을 강조했다. 그래서 일본인과 같은 동양인인 범인이 전혀 의심받지 않고 하얼빈 역에 들어갈 수 있었다고도 보도했다. 러시아 수도 상트페테르부르크의 한 신문에서는 한국 통감이었던 이토가 한국의 일본화를 시도했으며, 그에 대한 대가로 죽게 된 것이라고 보도했다.

하얼빈 신문인 〈하르빈〉은 사건 바로 다음 날, 이런 기사를 실었다.

> 노예로 전락한 조국으로 말미암아 모욕당한 한국인이 정조준한 탄환이 조용한 아침의 나라를 정복한 절대 힘을 가진 이토 공작을 쓰러뜨렸다. 모든 일본인이 이토 공작의 이름을 알고 있듯이, 모든 한국인도 그의 이름을 알고 있었다. 한국에서 이토 공작이 실행한 개혁이 이 나라를 사실상 일본의 노예 국으로 만들었다는 인상이 지워지지 않고 있다. (……) 이제 복수의 시간이 다가온 것이다. 조국을 사랑한 한 한국인이 성공적으로 이토 공작을 저격한 것은 일본은 물론이고 다른 나라들에도 정당한 경고를 한 것으로 볼 수 있다. 이들 나라는 피를 통한 침략으로는 그 어떤 것도 얻기 어려우며, 또 그러한 방법으로 침탈한 나라는 제 것으로 만들기도 어렵다는 것을 기억해야 한다.

코코프체프는 이번 사태가 사실을 왜곡하는 일이 없기를 진심으로 바랐다. 서울 주재 러시아 총영사 소모프는 상당한 우려를 담은 전문을 보내왔다.

> 서울에 있는 일본인들은 복수심에 사로잡혔습니다. 일본계 신문들은 이토의 추도식을 거행하라고 요구하고 있으며, 사흘 동안 한국인을 죽일 수 있게 허락해 달라고 공개적으로 요구하기도 했습니다. 이에 일본 당국은 충돌을 피하고자 온 힘을 쏟는다고 했습니다.

검찰은 레스나야 거리 28번지에 살고 있는 김성백의 집과 그 집을 조사하는 과정에서 파악한 한국인들의 집에서 증거 자료들을 추가로 확보하였다. 그날 가택을 수색하면서 한국인 여섯 명을 체포했다. 이들은 차이자고우 역에서 체포된 우덕순, 조도선과 비밀 서신을 주고받은 게 확인됐다.

예심 결과, 마침내 범인의 국적이 한국임을 확실히 밝혀낼 수 있었다. 차이자고우 역의 헌병 하사관 세민의 증언 덕분이었다. 세민은 범인을 즉각 알아보았다. 세민은 10월 24일, 차이자고우 역에서 범인에게 여권을 보여달라고 명령했고, 범인은 세민의 요구에 따랐다고 했다. 이때 러시아에서 발행한 여행증명서에서 범인의 국적이 한국이라고 쓰여 있던 것을 분명히 기억한다고 세민은 증언했다.

러시아는 을사년에 일본이 한국과 맺은 조약에 따라 한국의 외교권이 일본에 있다는 이유로 범인 일행을 하얼빈 주재 일본 총영사관에 이관시켰다. 사건이 발생한 지 14시간 만이었다. 러시아가 이렇게 빨리 일본에 사건을 넘겨 버린 이유는 이토 경호 문제로 일본이나 세계의 의혹을 사고 싶지 않았기 때문이었다. 코코프체프는 되도록 빨리 이 일에서 벗어나고 싶었다.

이틀 후 하얼빈을 떠난 코코프체프는 러시아와 만주의 국경지대인 포그라니치나야 역에 도착했다. 포그라니치나야는 블라디보스토크에 사는 한인들이 개척리라고 불렀던 곳이다. 연해주 군무지사인 운테르베르게르가 거의 넋이 나간 상태로 코코프체프를 맞이했다.

운테르베르게르 군무지사는 극동 지역을 개척할 때 한국인들이 보여준 근면성과 겸손한 성격을 인정하면서도 독일의 빌헬름이 주장했던 황화론을 신봉하고 있었다. 황화론은 황색 인종이 백인들에게 위협이 되니, 황색 인종을 몰아내야 한다는 터무니없는 주장이었다. 한국인들이 극동 러시아의 황무지를 경작하는 것은 바람직하지만, 러시아 내에서 한국인의 세력이 커지는 것을 우려했다. 러시아 주민의 손으로 개척하는 것이 아니라면, 황무지를 그대로 두는 게 차라리 낫다고까지 생각하는 사람이었다.

군무지사는 코코프체프를 만나자마자 한국인의 이토 격살 사건이 러시아와 일본의 관계를 악화시킬 것이라며, 이 사건이 일본에게 러시아를 재침공할 빌미를 주었다고 심각하게 걱정했다.

코코프체프는 군무지사를 진정시키느라 애를 먹었다. 그는 코코프체프에게 블라디보스토크가 현재 무방비 상태라는 것을 꼭 니콜라이 2세 황제에게 아뢰어 달라고 거듭 부탁했다.

　며칠 후 도쿄에 있는 러시아 대사에게서 코코프체프 앞으로 전문이 날아왔다. 코코프체프가 이토 공작에게 보여준 관심에 감사하며, 러시아 당국에도 감사를 전해달라는 내용이었다. 코코프체프는 전문을 보고 나서 일단 안도의 숨을 내쉴 수 있었다.

　코코프체프를 더욱 안심시키는 소식도 있었다. 일왕의 특별 지시로 이토 공작의 장례식이 성대하게 치러졌는데, 여기저기서 화환을 너무 많이 보내오자 일왕은 그중에서 세 개만 무덤에 놓으라고 지시했다고 한다. 그 세 개의 화환은 일왕이 보낸 화환과, 이토 공작의 부인이 보낸 화환, 그리고 이토가 사망한 직후에 코코프체프가 직접 하얼빈의 추린 상점에서 사서 보낸 화환이었다.

　하얼빈 사건이 일어난 지 약 한 달 후, 상트페테르부르크로 돌아간 코코프체프는 니콜라이 2세 황제를 만났다. 그 자리에서 코코프체프는 하얼빈 사건과 블라디보스토크 일대의 방어에 관한 보고서를 황제에게 제출했다.

　니콜라이 황제는 이토 피격 당시의 정황이나 사건에 관해 꼼꼼하게 물었다. 황제는 이토가 한국인에게 피살되었다는 소식을 남부 독일로 가는 기차 안에서 들었다고 했다. 그 소식을 듣는 순간, 운테르베르게르 연해주 군무지사가 보낸 불길한 전보들이 모두 떠올라 극도로 불안했다고 말했다. 군무지사는 일본의 재침공 의도가 엿보이는 여러 사례를 보고했고, 황제 역시 전쟁이 일어날까 봐 상당히 근심하던 중이었다고 했다.

니콜라이 2세는 코코프체프에게 러시아가 이토 사망의 책임에서 벗어날 수 있게 적절하게 잘 대처했다고 치하했다. 또 일본 정부가 보낸 감사 공문도 받았다며, 이 모든 것이 코코프체프가 현명하게 행동한 결과라고 고마워했다.

코코프체프는 바로 자신의 눈앞에서 벌어진 하얼빈 역 이토 피격 사건에서 완전히 벗어났다는 사실에 안도감이 들었다. 한편으로는 이토를 죽음으로 몰아넣은 안중근이라는 인물이 뇌리에서 떠나지 않았다. 그의 침착하고 강한 인상에 일종의 경외심마저 드는 자신을 이해할 수 없었다.

미조부치 검찰관의 심문

어둠 속을 달리던 마차가 어느 건물 앞에서 멈췄다. 러시아 경찰이 나를 마차에서 끌어내려 건물 안으로 데려갔다.

그곳은 하얼빈 주재 일본 총영사관이었다.

'나를 왜 이곳으로 데려왔을까?'

일본 총영사관에서는 나를 곧바로 지하 감방에 가두었다.

얼마 후에 차이자고우 역에 있던 우덕순 동지와 조도선, 유동하도 일본 영사관으로 잡혀 왔다. 그뿐만이 아니었다. 조도선을 소개해준 하얼빈 동흥학교의 교사 김형재와 탁공규도 잡혀 왔다.

나는 지하실에 갇힌 채 하루를 보냈다. 식사할 때나 화장실에 갈 때도 감시병이 따라붙었다. 그러나 나는 감시병이 없다 해도 도망칠 생각은 추호도 없었다. 지하실에 있는 동안 급하게 문을 여닫는 소리와 억양이 강한 러시아어와 일본어로 지껄이는 소리가 소란스럽게 들려왔다.

이튿날부터는 러시아어 소리가 들리지 않았다.

'내 거사에 관해 일본과 러시아 사이에 무언가 합의가 이루어진 것일까.'

나는 지하실에 있는 동안, 이후 재판에서 해야 할 일을 담담하게 준비하며 기다렸다.

10월 28일 뤼순에 있는 일본 관동도독부가 검찰관으로 미조부치를 임명하여, 이토 히로부미 저격 사건을 책임지고 조사하라는 특명을 내렸음을 알게 되었다. 러시아 사법 당국과 외교부는 나와 체포된 내 동지들의 국적이 한국이기 때문에 일본 사법권의 관할 아래 있다고 판단했다. 그에 따라 러시아는 일본 관동도독부 지방법원에 우리에 대한 사법권을 넘겼다고 했다. 대한제국이 을사늑약으로 일본에게 외교권을 빼앗겼기 때문이었다. 나와 함께 일본 총영사관으로 이송된 사람은 모두 15명이었다.

내 거사가 성공해서 이토 히로부미가 죽었으니, 내 전쟁은 이제부터가 시작이었다. 내 목표는 이토 히로부미 한 사람을 없애는 것만이 전부가 아니었다. 이토 히로부미가 교묘한 속임수로 한국에 저지른 죄상을 세상에 알리고, 일본의 간교한 한국 침략 계획을 바로잡을 생각이었다. 대한제국을 열강의 폭풍 앞에서 지키고, 전쟁이 없는 동양 평화를 실현하는 것이 내 최종 목표였다. 나는 그 목표를 이루기 위한 첫걸음으로 이토 히로부미를 제거한 것이었다.

나는 심문을 받을 때마다 내 신분을 대한국 의군 참모중장 겸 특파독립대장이라고 명확하게 밝혔다. 검사가 내 진술이 사실이냐고 확인할 때마다, 나는 대한제국의 독립전쟁 중 적의 괴수를 응징한 것이니 사실을 숨기거나 피할 이유가 없다고 강조했다. 오히려 이 사건을 더 정확하게 전달하고 싶었기에, 내 진술이 맞는지 틀리는지를 묻는 것은 어리석은 일이었다. 나는 왜 이토 히로부미를 처단했는지 분명하게 밝혔고 내가 대한제국의 의병인 대한국 의군 소속임을 거듭해서 강조했다. 사진기사들이 내 모습을 여러 번 찍었다.

하얼빈 일본 총영사관 지하실에서 머문 지 꼬박 사흘 후인 10월 30일, 일본 관동도독부 소속 미조부치 검찰관이 나를 심문하기 시작했다. 러시아 검찰관은 하나도 보이지 않았다. 미조부치 검찰관이 내 이름과 나이, 직업, 신분, 주소, 본적지, 출생지 등을 물었다.

나는 러시아 검사 밀레르에게 했던 대답들을 침착하게 반복했다.

"이름은 안응칠, 나이는 서른한 살, 직업은 포수, 신분은 대한국 의군 참모중장 및 특파독립대장, 주소는 대한제국 평양성 밖이고, 본적지와 출생지 주소는 같다."

계속 이어지는 질문은 한국인이냐, 병적부에 군인이란 기록이 있느냐, 부모 처자는 있느냐, 주소가 어디냐 등 아주 기초적인 질문이 지루할 정도로 이어졌다. 내가 어떤 사람들과 어울렸는지, 포수라고 대답했더니 알고 지내는 포수들의 이름을 대라고 했다. 계속되는 질문 가운데 미워하는 사람이 있느냐고 물었다. 나는 전에는 없었는데 근래에 이토를 미워했다고 대답했다.

검찰관은 마치 사냥감을 앞에 놓은 포수처럼 이토를 왜 미워했는지 이유를 대라고 했다. 내가 기다리던 질문이었다.

나는 왜 이토 히로부미를 죽여야 했는지 그 이유를 또렷하게 아주 천천히 힘주어 말했다.

"그 이유는 다음과 같다.

첫째, 1894년 병사들을 황궁에 돌입시켜 대한의 황후 폐하를 시해한 죄!

둘째, 1905년 병력으로 광무 황제를 위협하여 5조약을 강제로 체결한 죄!

셋째, 1907년 무력으로 7조약을 체결하고 황제 폐하를 강제로 폐위한 죄!

넷째, 철도와 광산과 산림자원과 천택(시내와 못)을 강제로 빼앗은 죄!

다섯째, 제일은행권 지폐를 강제로 사용하게 하여 한국의 재정을 고갈시킨 죄!

여섯째, 대한제국의 군대를 강제로 해산시킨 죄!

일곱째, 국채 1,300만 원을 억지로 한국에 부담시킨 죄!

여덟째, 교과서를 압수하여 불태우고 신문을 인민에게 전하지 못하게 한 죄!

아홉째, 무고한 한국인을 학살한 죄!

열째, 한국인의 외국 유학을 금지한 죄!

열한째, 한국인이 일본의 보호를 받고 싶어 한다고 세계 사람들을 속인 죄!

　열두째, 교육을 방해한 죄!

　열셋째, 한국과 일본의 싸움이 그치지 않아 이천만 동포의 곡성이 울리고 살육이 끊이지 않는데, 한국이 태평 무사한 것처럼 천황을 속인 죄!

　열넷째, 동양 평화를 파괴한 죄!

　열다섯째, 1867년 명치천황 폐하의 부친인 태황제 효명천황 폐하를 시살한 죄이다!"

　내 목소리는 이토 히로부미를 꼭 없애야 하는 당위성에 취해 방 안을 쩌렁쩌렁 울렸고, 얼굴도 붉게 상기되었다. 나는 이토의 죄가 너무 많아 이루 다 열거할 수 없으며, 하는 행동마다 간사하고 교활하다고 말했다. 따라서 일본은 열강의 신의를 잃었고, 이웃 나라와는 의리를 끊었다고 했다. 이토 히로부미는 먼저 일본이 망하고 뒤이어 동양 전체가 멸망하기를 바랐으니, 이 어찌 통탄할 일이 아니겠는가 하고 물었다.

　검찰관은 내 대답을 듣고 한동안 입을 열지 못했다가 다시 물었다.

　"하지만 일본은 한국에 선로를 놓아 기차가 다니게 했고, 수도와 위생 시설, 대한병원도 설립했다. 또 산업도 점차 왕성해지고 있지 않은가. 특히 한국 황태자는 일본 황실의 배려로 문명 학문을 닦고 있다. 훗날 황제 자리에 올랐을 때, 명군으로서 부끄럽지 않도록 교육하고 있는데, 이 점은 어떻게 생각하는가?"

나는 굳은 표정으로 말했다.

"우리 황태자가 일본 측의 배려로 문명 학문을 닦고 있는 것은 한국민 모두 감사할 일이다. 그러나 우리 황제를 폐하고, 젊은 황제를 세워 좋은 결과를 얻지 못하고 있으니, 지금 물어본 일은 우리나라의 진보나 편리라고 생각지는 않는다."

내가 이토의 죄목 열다섯 가지를 말한 후부터, 미조부치 검찰관의 목소리와 눈길이 한결 부드럽게 느껴졌다.

"피고는 이토 공이 없는 한국의 장래가 어떨 거라고 예측하는가?"

나는 검찰관에게 당신도 신중하게 생각해보라는 식으로 말했다.

"이토 히로부미가 살아 있다면 한국뿐만 아니라 일본도 결국 망할 것이다. 이토가 죽어야만 일본은 충분히 한국의 독립을 보호하여 한국이 부강해질 수 있다. 그뿐만 아니라 제국주의 야심을 품은 이토 히로부미가 제거되어야만, 동양의 여러 나라도 평화를 누릴 수 있을 것이다. 그래서 나는 이토를 처단했다."

검찰관이 잠시 생각하는 듯 뜸을 들인 후 다시 물었다.

"진술을 들으니, 피고는 충군 애국지사라는 생각이 든다. 피고와 같은 생각을 하는 사람이 더 있을 것 같은데, 그런 사람들과 친하게 지내고 있는가?"

미조부치의 말이 진심일까. 나를 제대로 파악했다면 이제부터는 편하게 서로의 의견을 교환할 수 있었으면 좋겠다는 생각이 들었다.

"애국지사는 일일이 셀 수 없이 많다. 나는 그중에서도 가장 낮은

지위에 있는 사람일 뿐이다. 애국지사들은 나보다 학식도 많고 재산도 많은 분으로 가까이 지내지는 못했지만, 이름은 자주 들었다. 민영환, 최익현, 조병세, 김봉학, 민긍호 같은 분들이 바로 그런 분들이다. 당신이 꼭 알아야 할 것은 한국의 의병들은 다 나처럼 생각한다는 사실이다."

나는 늘 존경하는 분들을 일일이 언급했다. 그 외에도 많지만 다 언급할 수 없는 것이 아쉬웠다.

"피고는 이범윤이라는 자를 아는가?"

이범윤이라는 말에 정신이 번쩍 들었다. 이범윤을 안다고 하면 연해주의 모든 독립단체가 드러나니 사실대로 말해서는 안 되었다.

"이름은 들어본 적이 있지만, 만난 적은 없다."

"이범윤도 피고와 같은 생각을 하고 있다고 믿는가?"

"신문에서 보니, 이범윤은 원래 북간도의 관리였던 사람이다. 일본이 북간도를 점령하자 러시아로 가서 의병 활동을 지휘한 것으로 알고 있다."

나는 간도에 가서 이범윤과 손을 잡을 생각이었다. 그러나 이범윤은 한발 앞서 부하들을 이끌고 연해주로 떠난 후였다. 그 후 나는 블라디보스토크로 가서 이범윤을 만났지만, 그 사실은 숨겨야 했다.

내가 이범윤을 찾아 러시아 연해주로 갔을 때, 이범윤은 부하들과 함께 얀치혜에 있는 최재형 집에 머물고 있었다. 나는 그때 최재형이란 이름을 처음 들었는데, 그는 얀치혜의 도헌(오늘날의 군수)이자 러시아 한인들 사이에서 대부로 통하는 인물임을 곧 알게 되었다.

　나는 이범윤과 함께 의병투쟁을 의논했지만 이범윤은 무기와 물자가 부족하다며 난감해했다. 후에 최재형과 이범윤, 이위종 등을 중심으로 대한독립단체인 동의회가 조직되었다. 동의회 총장은 최재형이었고, 이범윤은 부총장, 헤이그 특사였던 이위종은 회장, 나는 우영장이 되었다. 그러나 나는 이 모든 사실을 일본 검찰관 앞에서는 숨겨야 했고, 실제로 죽는 날까지 입 밖에 내지 않았다.

　검찰관이 담배 연기를 푸우 하고 내뿜으며 다시 물었다.

　"피고는 한국의 과거, 현재, 그리고 미래에 관한 식견이 높고 남다른 사상을 지닌 듯한데 누구에게 들은 것인가, 아니면 신문을 통해 알게 된 것인가?"

　"한국에서 발행되는 〈대한매일신문〉과 〈황성신문〉, 〈제국신문〉, 미국에서 발행하는 〈공립신보〉와 블라디보스토크에서 발행하는 〈대동공보〉의 논설을 통해서 일본의 야욕을 알게 되었다. 또 나는 어떻게 하면 동양의 평화를 이루어 모두가 행복하게 살 수 있을까를 늘 고심하면서 많은 책을 읽었다. 내가 가장 열심히 읽은 신문은 〈대한매일신문〉과 〈황성신문〉이다."

　나는 일본의 입김이 가장 많이 들어간 두 신문사를 힘주어 말했다.

　"피고는 그런 신문들을 언제부터 읽었는가? 정기적으로 구독했는가?"

　"이미 진술했다시피 나는 일정한 거처 없이 떠도는 포수이다. 신문을 정기 구독하는 것은 불가능하다. 신문이 내 손에 들어올 때마다 읽었을 뿐이다."

"피고는 일한협약이 체결되었을 당시 한성에 있었는가?"

"나는 3년 전에 한성에 갔다. 지금 당신이 일한협약이라고 했는데, 협약이라는 것은 쌍방이 합의하여 맺은 것을 이르는 말이다. 하지만 그것은 협약이 아니다. 일본이 강제로 맺게 한 늑약이다. 협약이나 조약이라고 말하지 마라."

검찰관이 날카로운 눈길로 내 얼굴을 훑었다. 찬바람이 느껴졌다.

검찰관은 잠시 생각을 고르는 것 같더니 이번에는 내 종교에 관해 물었다.

"피고는 천주교 세례를 받았는가?"

시시콜콜 이런 질문이 왜 필요한 것일까. 나는 대충 얼버무렸다. 내 개인신상에 관한 질문이 계속 되었다. 외국어를 알고 있는지도 물었고, 직업이 포수라고 했더니 잡은 동물들을 어디에다 파는지까지 구체적으로 물었다. 내 부모와 가족에 관해서는 한층 진지하게 물었다. 나는 부모는 어릴 때 돌아가셨고 김도감이라는 사람 집에 맡겨져서 어린 시절을 보냈다고 적당히 둘러댔다.

검찰관은 내 말을 믿는 것 같았다. 갑자기 전명운을 아느냐고 물었다. 나는 바짝 긴장했다. 전명운을 본 적은 없었지만, 그가 누구인지는 잘 알았다. 미국에서 일본을 옹호했던 친일파 미국인 스티븐슨을 저격한 사람이 바로 전명운이었다.

"피고는 전명운이란 자가 미국에서 무슨 일로 갇혀 있는지 알고 있는가?"

당시 나는 전명운과 장인환의 거사를 듣고 얼마나 기뻐했는지 모른다. 그 두 사람의 거사가 없었다면, 나도 이토를 격살하려는 생각을 하지 못했을지도 모른다. 마음속으로 늘 일본의 식민 정책과 이토의 평화 교란 행위를 그만두게 하는 길이 무엇일까를 고민하던 차에, 전명운과 장인환의 거사 소식은 나는 물론이고 많은 한인에게 용기를 주었다.

나는 이때다 싶어 말했다.

"내가 알기로, 전명운과 장인환 두 사람이 미국에서 스티븐스를 저격했기 때문이다. 스티븐스를 저격한 이유는, 스티븐스가 한국이 일본의 보호를 받게 된 것은 한국민이 원해서라는 내용으로 신문에 논설을 실었기 때문이다. 진실을 왜곡하는 행동은 언제 어디서든 응징받는다는 것을 알려준 사건이라고 생각한다."

나도 모르게 목소리가 커졌다. 검찰관이 장인환과 만난 적이 있느냐고 따지듯 물었다.

검찰관은 자세를 고쳐 앉으며 이토가 생전에 한국의 통감을 사임한 사실을 알고 있느냐며 이토의 후임이 누구인지 아느냐고 물었다. 검찰관은 마치 목록을 작성해놓고 한 가지 한 가지 손가락으로 짚어가듯 캐물었다. 나는 후임 통감 소네가 어떤 방침으로 시정을 할지는 모르지만, 만일 소네도 이토와 동일한 방침을 채택한다면, 소네 역시 이토처럼 살해당할 것이라고 힘주어 말했다.

검찰관이 내 얼굴을 유심히 살피며 물었다.

"피고는 포수라고 했는데, 지금까지 대답하는 것을 보면 포수와는 거리가 멀게 느껴진다. 이번 행위는 세계사에 이름을 남길 작정으로 이토 공을 살해한 것 같은데, 그렇다면 본명을 숨김없이 말하는 것이 어떤가?"

검찰관의 목소리에 의심이 가득 묻어났다.

"내 본명은 안응칠이며, 나는 거짓말을 하지 않는다."

"피고는 26일 아침, 이토 공이 하얼빈 역에 도착했을 때 권총으로 이토 공을 저격한 게 사실인가?"

또 무슨 꿍꿍이일까. 이미 다 밝혀진 사실을 새삼스럽게 묻는 저의가 궁금했다. 아마도 뒤에서 도와준 사람들을 캐려는 게 분명했다. 나는 혼자서 했고, 사용한 권총은 검은색 브라우닝 7연발 총이라고 대답했다. 그러자 검찰관은 내가 지녔던 바로 그 총을 내보이며 이 총이 맞느냐고 물었다. 나는 담담하게 고개를 끄덕였다.

어디서 입수했는지를 캐물어서 5월쯤 의병에 가입했을 때, 동지가 사다 주었다고 대답했다. 검찰관은 이토 공을 언제부터 죽이려 결심했느냐 물었다.

"3년 전부터 이토를 죽이려고 결심했다. 나도 처음에는 일본을 신뢰했다. 그러나 한국이 이토에 의해 점점 불행해져서 마음이 변했고, 결국 이토를 적으로 생각해야만 했다. 이는 나뿐만이 아니라 한국의 이천만 동포 모두가 같은 마음이다."

이천만 동포라는 말을 할 때 나도 모르게 내 목소리가 커졌다.

"피고는 3년 전부터 이토 공을 죽이려고 했다는 말인가?"

검찰관의 목소리도 높아졌다.

"그렇다. 하지만 그때는 힘이 없었고 기회도 오지 않았다. 이제야 뜻을 이룰 수 있었다."

"그렇다면 올봄, 이토 공이 한국 황제 행차 때 호위하며 따랐는데, 그때 왜 실행하지 않았는가?"

"나는 그때 함경도 갑산에 있었고, 이토를 죽이고 싶었지만 총도 준비되지 않았고 일단 거리가 멀었다. 또 이토의 호위병도 많았고, 한국 황제께서도 함께 계셨기 때문에 실행할 수가 없었다."

검찰관은 내게 누구 집에 있었으며 이토가 하얼빈에 오는 것을 어찌 알았느냐고 물었다. 나는 대한매일신문과 일본 신문을 통해 알았다고 했더니 일본 신문도 읽을 수 있느냐 물었.

검찰관의 질문이 어린애처럼 유치했다. 한중일 세 나라가 한자를 쓰고 있으니 한자만 봐도 대강 알 수 있다는 것을 모른단 말인가.

나는 검찰관을 향해 그 정도의 짐작도 못 하는가 하는 뜻을 얹어 태연하게 되물었다.

질문은 계속되었다. 하얼빈에 어떻게 왔느냐고 묻길래 나는 의병 신분이라 낮에는 길거리를 통행할 수가 없어서 8월 그믐께 출발해서 산길을 통해 경흥으로 나왔고, 다시 러시아령 포시에트라는 곳에서 배를 타고 블라디보스토크로 갔다가 하얼빈으로 왔다고 대답했다.

검찰관은 블라디보스토크에는 언제 도착했으며, 어디에서 숙박했는지, 범행 전날은 어디에 있었는지 물었다. 나는 7~8일 전에 블라디보스토크에 도착해서 숙소를 잡지 않고 정거장에서 지냈고, 다음 날 아침에 출발해서 이틀을 보낸 후 거사 전날 밤 하얼빈에 도착했다고 대답했다.

나와 동지들은 대동공보사에 모여 이토의 하얼빈 방문을 두고 이토를 어떻게 격살할지 여러 각도에서 분석하고 논의했다. 하지만 나는 이 사실을 철저하게 숨겼다.

러일전쟁 후 간도는 일본 수중에 들어가게 되었지만, 러시아 연해주는 한인들의 본거지이자 대한 독립을 위한 항일 운동의 중심지였다. 이범윤을 위시한 의병들이 연해주로 모여들었고, 최재형 도헌과 함께 대한국 의군을 창설해, 국내 진공작전을 감행해 일본군과 싸우기도 했다.

만약에 이토가 하얼빈을 방문하는 목적이 동청철도를 손아귀에 넣으려는 것이라면, 재정적으로 휘청거리는 러시아는 분명히 이토에게 동청철도를 팔아버릴 것이었다. 그렇게 되면 연해주의 항일단체들은 큰 타격을 입을 게 뻔했다. 동청철도는 연해주 우수리스크를 거쳐 블라디보스토크로 이어지는 철도이기 때문이었다. 동청철도가 일본 수중에 들어간다면, 블라디보스토크에 본부를 둔 대한국 의군과 동의회는 일본에게 발목을 잡혀 옴짝달싹할 수 없을 것이었다.

나와 동지들은 무슨 일이 있어도 동청철도가 일본의 수중으로 넘어가지 않게 작전을 세워야 했다. 회의를 거듭하며 궁리한 끝에 이토 히로부미를 저격하자고 의견을 모았고, 특파대를 조직했다. 나는 대한국 의군 특파대로서 이토를 처단한 것이었다.

그러나 나는 이 모든 사실을 철저히 숨겼다. 검찰관은 사흘 동안이나 나를 재우지도 않으면서 마치 나와 심리전이라도 하듯 치밀하게 조사했다. 나는 혹시라도 실수할까 봐 바짝 긴장하고 심문에 응했다.

뤼순 감옥으로

11월 1일, 일본 헌병대는 나를 하얼빈 역으로 데려가 기차에 태웠다. 이토를 처단한 지 닷새만이었다. 나는 어디로 가는지 몰라 바깥 상황을 자세히 살폈다. 기차는 남만주철도회사 특별열차였다. 칸칸마다 헌병이 지키고 있어 분위기가 무척 삼엄했다.

내가 탄 칸 좌우에서 헌병 여럿이 나를 에워쌌다. 나에겐 수갑을 채웠고, 우덕순, 조도선, 유동하, 정대호, 김성옥은 포승으로 묶었다.

창춘에 도착해 기차 안에서 하루를 묵었다. 나는 식사와 용변 때만 움직일 수 있었는데, 그때도 그들은 내 손목에 채운 수갑을 풀어 주지 않았다.

이튿날 아침 일찍 기차는 창춘을 출발해 계속해서 남쪽으로 달렸다.

어느 역에서 잠시 멈췄을 때였다. 일본 경찰 하나가 내가 탄 칸에 올라오더니 갑자기 주먹으로 내 얼굴을 냅다 후려쳤다. 눈앞에서 번갯불이 번쩍 일었다. 나는 화가 나서 크게 소리쳤다.

"이게 무슨 짓인가!"

내 옆에 있던 헌병이 깜짝 놀라 일본 경찰을 급히 기차 밖으로 끌어냈다. 잠시 후 헌병이 나에게 다가와 정중하게 말했다.

"일본이나 한국이나 저런 인간들이 있습니다. 노여움을 푸십시오. 죄송합니다."

나는 헌병에게 충고하듯 말했다.

"나는 평생 내 조국을 위해 몸바쳐 충성해온 대한국 의군 참모중장이오. 그에 합당한 예우로 대해 주시오. 한낱 경찰의 손이 나를 해치게 해서는 안 될 것이오!"

특별열차는 지평선이 보이지 않을 만큼 드넓은 벌판을 계속 달렸다. 드디어 사흘 째 되는 11월 3일, 뤼순 역에 도착했다.

일본은 1906년에 총독부를 대신하여 뤼순에 관동도독부를 설치했다. 도독은 군대를 통솔하고, 외무성의 감독하에 정무를 대신하며, 남만주철도를 보호하는 임무가 있었다. 만주의 일본 조차지는 관동도독부가 통치했다. 일본 정부는 관동도독부 뤼순 지방법원에 특명을 내려 내 재판을 담당하게 했다. 그래서 나를 하얼빈에서 뤼순으로 이송시켰음을, 나는 나중에야 알게 되었다.

나는 경찰 한 사람과 헌병 세 사람에게 이끌려 기차에서 내렸다. 정거장 안팎으로 일본 헌병과 경찰들이 삼엄하게 경비하고 있었다. 나는 대기하고 있던 마차에 급히 태워졌다.

'이렇듯 삼엄하게 경비를 서는 것은 내가 그만큼 중요하다는 것이겠지.'

나는 겹겹으로 둘러선 헌병들을 보며 앞으로 있을 재판에 어떻게 대처해야 할지를 곰곰 생각했다. 마차 안에서는 밖이 보이지 않았다. 마차는 포장되지 않은 길을 한참 동안 덜컹덜컹 달려갔다. 온몸이 심하게 흔들렸다.

마차가 멈춘 곳은 관동도독부 뤼순 감옥이었다. 나는 국사범으로 취급되어 곧바로 감옥 독방에 갇혔다. 감옥 안에는 나무 침대가 놓여 있었고, 구석에 용변 볼 때 쓰는 용변통과 물통이 놓여 있었다. 방은 꽤 넓어서 혼자 지내기에 충분했다. 나중에 알고 보니, 일반 죄수들은 한 방에서 열다섯 명 정도가 함께 지내고 있었다.

간수는 나를 특별하게 대우하겠다고 했다. 간수의 말대로 첫날부터 감옥의 관리들은 나를 극진하게 대했다. 정중하게 인사하며 필요한 것이 무엇인지 물었다. 나는 내심 감동하면서도 한편으로는 의구심을 품지 않을 수 없었다.

'이것이 꿈인가 생시인가. 같은 일본인인데, 어떻게 여기 있는 자들은 이렇게 다를까. 어째서 이렇듯 어진 마음으로 나를 후하게 대할까. 한국에 와 있는 일본인들은 이루 말할 수 없이 잔인하고 포악한데……. 뤼순에 있는 일본인과 한국에 있는 일본인은 종자가 다른 족속인가. 한국에 있는 일본인은 극악한 권력자 이토 히로부미를 닮아서 그런 걸까? 이곳은 뤼순의 권력자인 관동도독부 도독이 인자하기 때문일까?'

나는 며칠 동안 후한 대우를 받으며 고개를 갸웃거렸다. 간식도 주고 식사도 감옥이라는 생각이 들지 않을 만큼 좋은 편이었다.

앞으로 내 공판이 어떻게 진행될까 사뭇 궁금했다. 특별 대우를 받다 보니 내 재판 역시 내 의도대로 이루어질 듯하여 안심되면서도, 과연 일본을 믿어야 할지는 적이 의심스러웠다.

뤼순 감옥에서 지낸 지 닷새 후인 11월 6일, 미조부치 검찰관이 통역관 소노키와 함께 나를 만나러 왔다. 검찰관은 나에게 이토를 죽인 목적과 동기를 서면으로 써서 제출하라고 요구했다. 나는 거사의 동기와 목적을 분명하게 적은 다음, '안응칠 소회'라고 제목을 붙였다.

안응칠 소회

하늘이 사람을 내어 세상이 모두 형제가 되었다. 각각 자유를 지켜 삶을 좋아하고 죽음을 싫어하는 것은 누구나 가진 본성이다. 오늘날 세상 사람들은 당연히 문명의 시대라고 부르지만, 나는 홀로 그렇지 않은 것을 탄식한다. 무릇 문명이란 동양과 서양, 잘난 사람과 못난 사람, 남자와 여자, 아이와 노인을 따지지 않고 모두 하늘이 내린 성품을 지키고 도덕을 소중히 여겨 서로 다투는 마음이 없이 제 땅에서 편안히 생업을 즐기면서 같이 태평을 누리는 것이다.

그런데 오늘의 시대는 그렇지 못하다. 이른바 더 나은 사회의 수준 높은 인물들을 의논한다면서 경쟁만 하고, 연구해서 만드는 것들은 사람을 죽이는 기계이다. 그래서 동서양 육대주에 대포 연기와 탄환 빗발이 그칠 날이 없으니 어찌 개탄할 일이 아니겠는가.

이제 동양 대세를 말하면 비참한 현상이 더욱 심하여 참으로 기록하기 어렵다. 이른바 이토 히로부미는 천하대세를 깊이 헤아려 알지 못하고 함부로 잔혹한 정책을 써서 동양 전체가 앞으로 멸망할 처지에 놓이게 되었다.

슬프다. 천하 대세를 멀리 걱정하는 청년들이 팔짱만 끼고 아무런 방책도 없이 앉아서 죽기를 기다리는 것이 어찌 옳을 수 있겠는가. 그러므로 나는 생각다 못해 하얼빈에서 모든 사람이 보는 앞에서 총 한 발로 늙은 도적 이토의 죄악을 성토하여, 뜻있는 동양 청년들의 정신을 일깨운 것이다.

검찰관은 내가 연필로 쓴 〈안응칠 소회〉를 내놓자 수고했다며 나에게 이집트 담배에 불을 붙여 주었다. 나는 담배를 피우며 검찰관과 한참 동안 대화를 나누었는데, 그는 아주 친절했다. 나보다 약간 어려 보이는 통역관 소노키도 마치 나를 친형님을 대하듯 친절하게 행동했다.

아침, 점심, 저녁 세 번의 식사 때마다 쌀밥을 주었다. 아주 밥맛이 좋은 쌀이었다. 갈아입으라고 준 내복도 아주 좋았다. 솜이불도 가져다주고, 간식으로 날마다 사과, 밀감, 배 등을 주었다. 목욕도 할 수 있게 배려해 주었다.

며칠 후에는 소노키가 우유를 가져왔다.

"우유는 특별히 제가 요구했습니다. 드시지요."

나는 우유를 마시며 여기가 감옥이 아니라 특별 손님 대우를 받는 여관처럼 느껴졌다.

11월 14일부터 미조부치 검찰관이 서기 기시다, 통역관 소노키와 함께 나를 심문하기 시작했다.

"자, 이제부터 심문하겠다."

나는 하얼빈에서 심문받을 때, 거의 모든 사실을 철저하게 숨겼는데 그동안 일본에서는 나를 여러 측면에서 세세하게 조사한 모양이었다. 일본이 조사한 자료 중 나에 관한 부분과 거사에 관한 부분 중 상당 부분이 이미 증거를 확보한 상태였다.

내 동생 정근이 한성에서 공부했고 진남포에서 교사를 하고 있다는 것과 심지어 내 장인의 함자가 김홍섭이라는 것까지 확보하고 있었다.

검찰관이 나에게 다섯 살과 두 살 된 아이가 있느냐고 물었을 때, 나는 잠시 명치끝이 아렸다. 두 살 된 아이는 내가 조국을 떠날 때 아내 뱃속에 있던 아이였다. 그 아이는 내가 떠나온 후에 태어나 얼굴도 본 적이 없는 내 핏줄이었다. 나는 다섯 살이 된 아이는 내 아들이 맞지만, 두 살 된 아이는 내가 집을 떠난 후에 태어났으니 본 적도 들은 적도 없어서 모른다고 대답했다.

미조부치 검찰관은 내 아내가 하얼빈에 와 있다고 했다. 나는 깜짝 놀랐다. 정대호가 내 부탁을 들어준 것이었다. 정대호도 뤼순으로 잡혀왔으니, 그럼 아내도 내 거사를 다 알고 있을 것이었다. 나는 아내를 떠올리자 아내가 그리워 가슴이 싸했다. 하지만 이제 대의를 위해서는 사사로이 가족을 생각해서는 안 되었다.

"나는 아내에 대해서 아무것도 아는 게 없다."

"피고는 하얼빈에서 처자가 없다고 하더니, 왜 거짓말을 했는가?"

"나는 대한의 사나이로서 거짓말은 하지 않는다, 다만, 집을 떠난 후에는 가족과 처자가 없는 셈 치고 오직 동양 평화만을 위해 온 힘을 다하고 있었기 때문에 없다고 한 것뿐이다."

"지금까지 내가 피고를 살펴보니 학식이 상당한 것 같다. 사서오경과 통감을 읽은 것이 사실인가? 또 그 외에 어떤 책들을 읽었는가?"

"만국역사와 조선역사를 읽었다."

미조부치는 내가 5년 전에 상하이에 간 것도 알고 있었다. 뿐만 아니라 그곳에서 두 아우에게 편지를 보낸 사실까지 훤히 꿰고 있었다.

"피고는 안창호와 이범윤을 언제 만났는가?"

검찰관이 거의 확신하고 묻는 말이었지만 나는 강하게 부인했다.

"나는 안창호도 이범윤도 만난 적이 없다."

미조부치는 내가 블라디보스토크에 있는 한인단체들과 연관이 있는지 집요하게 파고들었다. 나는 대한독립단체인 동의회나 총장 최재형의 이름이 절대로 드러나서는 안 된다는 생각에 정신을 바짝 차렸다.

미조부치는 최봉준, 이상설, 이위종, 전명운, 이춘삼, 유인석, 홍범도와 차도선 등의 이름을 차례로 들먹였다. 나는 검찰관이 바짝 조여 올수록 그의 술수에 말려들지 않기 위해서 더 긴장했지만 겉으로는 태연하고 침착하게 보이도록 노력했다.

"소문으로 들은 사람은 있으나, 그들을 만난 적은 없다."

미조부치가 내 얼굴을 유심히 살피며 정말 한 번도 만난 적이 없느냐고 물었다. 나는 연해주 일대의 독립운동 세력을 보호하기 위해 홍범도만 만난 적이 있다고 대답했다.

"홍범도는 어떤 인물인가?"

"내가 알기로 홍범도는 함경도의 거물 의병장이다."

미조부치는 내가 북간도를 거쳐 용정으로 갔던 일도 모두 알고 있었다. 그러나 나는 전혀 모르쇠로 일관했다.

미조부치는 물을 한 잔 마신 후 단지동맹에 대해서 물었다.

"피고는 러시아의 노보키에프스크에서 다른 사람 네 명과 이토 공작을 죽이기로 맹세하고 손가락을 자른 적이 있는가?"

미조부치가 사람 수를 네 명이라고 묻는 것으로 봐서 단지동맹의 동지들을 자세히 알지 못한 것 같았다.

"우리는 나라의 독립에 관해 의논했을 뿐, 이토를 살해하려고 만난 것이 아니다."

미조부치는 단지동맹을 맺으면서 이토를 죽이자고 결의했다고 단정 짓고 계속해서 손가락을 자른 동지들의 이름을 캐물었다. 나는 이토를 죽인 것은 나 혼자만의 결심이라고 말했다. 미조부치는 내 대답을 믿지 않았다. 심문 때마다 단지를 함께한 동지들을 대라고 추궁했다.

11월 12일, 미조부치는 정대호가 단지동맹을 함께 한 사람들 11명을 실토했다고 말했다. 나는 그때까지도 이토 살해 결심은 혼자서 한 것이라고 계속 주장했다.

　11월 14일, 미조부치는 나와 정대호를 대질신문했다. 나는 그제야 세 사람의 이름을 댔다. 하지만 성과 이름을 적절하게 섞어 가명을 만들었다. 나는 강기순과 박봉석, 정원식이라는 사람과 그 외 서너 명이 더 있었고, 그 밖에 유가와 조가와 이가, 그리고 황고영이라는 사람이 있었다고 말하면서, 손가락은 나 혼자만 잘랐다고 거짓말을 했다.

　"그 사람들은 손가락을 자르지 않았다. 그 사람들에게 나를 믿어달라고 그들 앞에서 내 손가락을 자른 것이다. 그 피로 태극기에 대한독립이라고 혈서를 썼다."

　미조부치는 내 말을 끝까지 믿지 않는 눈치였다. 내가 강하게 주장하는데도 계속 다른 것들을 캐물었다. 나는 다시 강조했다.

　"박봉석, 강기순, 정원식 등이 있었던 것 같고, 다른 사람은 기억나지 않는다. 그때는 나를 믿어주는 사람이 없었다. 나는 국가를 위해 진심으로 충성하는 내 심정을 다른 사람들에게 보여주고 싶었다. 그래서 손가락을 잘랐다."

　미조부치는 내가 블라디보스토크에 사는 이치권의 집에 머물렀던 사실을 알아내고, 이치권에 관해 물었다. 미조부치는 내가 이치권의 집에서 지내면서, 아내나 아우에게 편지를 쓰지 않았느냐고까지 물었다. 나는 겉으로는 태연한 척했지만 속이 바짝 탔다.

미조부치는 정대호도 많이 조사한 모양이었다. 내가 정대호와 나눈 대화까지 알고 있는 듯했다. 나는 석 달 전에 정대호를 만났는데, 정대호는 진남포 세관에 다니고 있었다. 그때 정대호에게 '나는 국가를 위해 몸과 마음을 다 바치고 있으니, 돈을 벌고 있는 자네가 내 아내와 아이를 돌봐 달라.'라고 말한 적이 있었다.

미조부치는 정대호가 내 아내와 아이들을 데리고 하얼빈 한국국민회장 김성백의 집에 머물게 한 사실을 알고 있느냐고 내게 물었다. 나는 아무 대답도 하지 않았다.

잠시 후 미조부치가 나에게 편지 하나를 보이며 물었다. 뜻밖에도 유동하 동지가 보낸 것이었다. 나는 긴장이 되어 마른 침을 꿀꺽 삼켰다.

'아, 이렇듯 치밀하게 조사를 했다니.'

미조부치는 우선 유동하를 아느냐며 물었다. 편지에 숙부라고 쓰여 있는데, 그것이 사실이냐고도 물었다. 이미 많은 것을 조사해 알고 있는 이상, 이곳에 와 있는 유동하의 존재를 숨길 수는 없었다

미조부치는 내가 유동하의 삼촌인지 다시 확인했다. 나는 내 나이가 많아 적당한 호칭이 없어서 그리 썼을 뿐, 친척 사이는 아니라고 대답했다. 미조부치가 본격적으로 질문을 쏟아냈다.

왜 유동하와 함께 갔는지, 유동하의 아버지가 의사인지, 김성백의 동생 김성엽이 유동하의 집에서 치료를 받고 있는데 아는지 등 소나기 질문을 퍼부었다.

내가 요리조리 피해가며 대답하자 미조부치의 얼굴에 비웃음 같은 묘한 표정이 잠깐 어리더니, 내 앞에 우덕순 동지의 사진을 불쑥 내밀었다.

"피고는 이 사람을 진정 모르는가?"

"하얼빈에서 뤼순으로 오는 기차에서 본 우 씨라는 사람이다."

미조부치는 그 사람이 '우연준'이라며 이름까지 친절하게 말해 주었다. 이는 분명히 우덕순 동지가 일부러 이름을 감춘 것이라는 생각이 들었다. 미조부치는 우덕순 동지도 단지동맹의 한 사람일 것으로 의심하고 있었다. 또 조도선도 알고 있었다. 그는 계속해서 나와 우덕순, 조도선 세 사람이 왜 차이자고우 역에 있었는지, 무슨 일이 있었는지 상세하게 물었다.

조도선이 유동하에게 친 전보 내용이 사실인지도 물었다. 하얼빈에서 심문받을 때, 내가 적당히 둘러댄 말들이 사실인지 꼬치꼬치 캐물으며 진위를 가려내려고 했다.

미조부치는 내가 10월 25일 밤에 하얼빈 역에서 자고 찻집에 들어갔다고 진술하는 바람에, 하얼빈 역에 있는 중국인들과 찻집 주인 등이 조사받느라 모두 곤욕을 치르고 있으니 숨김없이 말하라고 협박하듯 말했다.

나는 목소리를 가다듬고 대답했다.

"이토 히로부미는 자신이 한국을 보호한다 하고, 이천만 한국 동포의 희망이라고 소리를 높이며 세계 사람을 속였다. 내가 진술한 말들이 과연 누구를 속였다고 할 정도라도 되는가?"

미조부치는 내 말을 곱씹어 보는 것처럼 한동안 침묵을 지키더니 다시 물었다.

"피고와 함께 차이자고우에서 숙박했던 조도선과 우연준은, 26일 이토 공이 피고에 의해 저격되었다는 사실을 러시아 관리에게 듣고 이렇게 말했다고 한다. '우리가 여기 온 까닭은 이토를 살해하기 위해서였다. 다른 한 명이 하얼빈으로 돌아간 것도 그 목적을 위해서였다.' 하며 기뻐했다는데 피고는 알고 있는가?"

나는 하얼빈에서 심문받을 때 이토의 사망 소식을 듣긴 했지만, 한편으로는 사실인지 아닌지 의심스럽기도 했다. 이제 미조부치의 입을 통해 다시 한 번 이토가 죽었다는 말을 들으니 의심할 여지가 없었다. 나는 기쁨에 차서 대답했다.

"그 사람들과 공모하지 않았다. 조도선과 우연준이 이토가 죽었다는 것을 알고 기뻐한 것은 당연한 행동이다. 한국 사람이라면 누구라도 이토의 죽음을 반기지 않을 사람이 없다."

미조부치는 내 말에 눈살을 살짝 찌푸리더니, 계속해서 다른 질문을 퍼부었다.

이번에는 블라디보스토크에 있는 대동공보사에 대해서 다시 집중적으로 묻기 시작했다. 나는 대동공보사에 관한 질문들에는 최대한 모른다고 얼버무렸다. 비밀이 밝혀지면 최재형은 물론, 동의회의 모든 독립단체가 풍비박산될지 모르기 때문이었다. 동의회가 와해되면 러시아의 항일독립운동은 뿌리째 흔들릴 게 뻔했다. 내가 계속 모른다고 하자 다행스럽게도 미조부치는 대동공보사에 관해서는 더 이상 파고들지 않으려는 듯 화제를 돌렸다. 참으로 다행이었다.

미조부치는 마지막으로 하얼빈에서 총을 쏠 때 어떤 자세로 쏘았으며, 또 몇 발을 쏘았는지, 헌병에게 잡힐 때 총은 어떻게 처리했는지를 물었다. 나는 총을 쏠 때의 정황은 되도록 상세하게 대답했다. 자랑스러운 일이었고, 목적을 이룬 당당한 일이었기 때문이다. 회피하거나 둘러댈 필요가 전혀 없었다.

미조부치가 말했다.

"오늘은 그만 하고 내일 또 하겠다."

미조부치가 방에서 나가면서 나에게 수고했다고 인사했다. 서기와 소노키도 나에게 목례하며 뒤따라 나갔다. 헌병 지바 도시치가 나를 감방으로 데려갔다.

사카이 경시의 심문

 다음 날도 심문은 계속되었다. 미조부치는 어젯밤에 잘 잤느냐는 인사를 건넨 후, 담배를 내밀었다. 마치 오래된 지인과의 만남처럼 편안한 분위기였다. 전날은 집요하게 여러 가지 일을 파헤치려는 듯 꼬치꼬치 묻던 미조부치가 웃는 얼굴로 내게 노래를 지은 일이 있느냐고 물었다.

 나는 하얼빈 김성백의 집에서 〈장부가〉를 짓던 그 날이 떠올라 격정이 온몸을 휘감았다. 우덕순 동지와 함께 〈장부가〉로 마음을 다지고, 다음 날 유동하와 셋이서 사진을 찍던 일이 생각났다.

 미조부치는 〈장부가〉를 내가 직접 지은 것이 맞느냐며 〈장부가〉를 한 줄 한 줄 찬찬히 분석하더니, 언제 〈장부가〉를 지었으며, 어떤 심정으로 지었는지를 캐물었.

 '어떤 심정이냐니 노랫말에 조국을 구하겠다는 의지가 분연히 나타나는데 그걸 꼭 말로 해야 하나? 일본인은 노래를 몰라서 그러는가, 내 입에서 어떤 말이 나오기를 기대하는 것인가.'

나는 노랫말에 다 나타나지 않았느냐고 미조부치에게 반문했다.

대동공보사의 이강에게 보낸 편지에 관해 묻던 미조부치는 그 편지에 찍은 우덕순의 날인을 보고, 그 후부터 우연준을 우덕순으로 바꾸어 불렀다. 처음에는 아주 부드럽게 심문하던 미조부치가 우덕순의 이름을 확인한 후부터 목소리에 언짢은 기색이 역력했다. 나는 우덕순 동지를 보호하기 위해, 끝까지 이토 살해는 나 혼자 준비했다고 주장했다.

그다음 날도 우덕순과 유동하에 관해 조사한 자료와 내 진술 중 서로 맞지 않는 부분들을 캐물었다. 나는 가능하면 유동하나 우덕순에게 피해를 주고 싶지 않아 그 둘은 내 계획이 무엇인지 전혀 몰랐다고 강조했다.

11월 17일부터는 우덕순과 유동하를 불러 대질신문을 시작했다. 반복해서 질문하면서 셋의 대답이 같은지, 다르다면 왜 다른지를 집중적으로 캐물었다.

우덕순과 대질신문을 할 때 나와 엇갈리는 부분들이 있었다. 미조부치는 그 부분을 꼬치꼬치 캐물었다. 그러나 중요한 것은 내가 이미 이토를 처단했다는 사실이었다.

미조부치는 나를 날카롭게 대했지만, 그다지 적대시하지는 않았다. 오히려 한국과 일본의 정세와 앞으로 벌어질 일들에 관해 나와 거리낌 없이 토론할 때도 있었다.

미조부치는 며칠 후부터는 조선총독부에서 뤼순 감옥으로 파견한 사카이 경시(경찰 업무를 맡은 관리)가 자신과 함께 심문할 것이라고 알려 주었다.

  사카이 경시는 나이가 지긋했다. 한국에 오래 있었기 때문인지 한국말을 유창하게 잘해서 한국 사람처럼 느낄 정도로 아주 따뜻하고 친절했다. 사카이를 대할 때마다 나를 보살피라고 보낸 사람이 아닌가 착각할 정도였다. 사카이 경시 덕분에 뜨거운 물로 목욕할 수도 있었고, 솜이불까지 넉넉하게 주어 따뜻하게 지낼 수 있었다.

  11월 한 달 동안 거의 매일 심문이 이어졌다. 미조부치와 주고받았던 내용의 반복이었다. 어떤 날은 미조부치와 사카이 경시가 따로따로 심문하기도 했다. 심문의 핵심은 내가 이토 히로부미를 피격한 동기와 이유였다. 나는 동양의 평화와 한국의 독립을 위한 것이라고 매번 강하게 주장하며, 하얼빈에서 언급했던 이토 히로부미가 저지른 15가지 죄를 똑같이 언급했다.

  12월 초하룻날이었다. 영국인 변호사 더글러스와 러시아인 변호사 미하일로프가 나를 찾아왔다. 예상대로 미하일로프는 블라디보스토크에 있는 동포들이 보낸 변호사였다. 대동공보사가 중심이 되어 최재형과 이강이 주선했을 것이다. 나는 동포들의 애국심에 가슴이 뛰었다.

  '일본이 영국과 러시아의 변호사에게 내 변호를 허용하다니. 내가 일본을 너무 나쁘게만 생각하고 있었던 것인가. 이런 처사는 과연 일등 국가만이 할 수 있는 아량이 아닌가. 내가 일본을 오해하고 있는

것인가. 참으로 일본을 이해할 수가 없구나.'

 감옥의 간수들은 식사시간마다 더 먹겠느냐고 묻고 과일을 챙겨 주기도 했다. 목욕도 자주 할 수 있게 해주었고, 날마다 오전이면 두 차례씩 나를 사무실로 불러서 서양 담배와 서양과자를 주고 뜨거운 차도 주었다. 나는 갈수록 일본이 원래 이토록 친절한 사람들이었던 가 싶었다.

 며칠 후, 정근과 공근 두 동생이 감옥으로 면회를 왔다. 3년 만에 두 동생을 만나니 얼마나 반가운지 몰랐다.

 "형님, 형님!"

 두 동생은 나를 보자마자 말을 잇지 못하고 눈물을 글썽였다.

 "울긴 왜 우느냐? 나는 하고 싶은 일을 했고, 감옥이지만 정당하게 대우받고 있다. 그래, 너희들은 언제 고향을 떠나왔느냐? 어머님은 안녕하시냐?"

 "예, 형님. 어머님은 잘 계십니다. 저희는 나흘 전에 여기 와서 차례로 진술했습니다. 형님을 당장 만나고 싶었지만 이제야 면회를 시켜 주었습니다."

 "나도 알고 있다. 그래, 어머님 건강은 어떠시냐?"

 나는 어머니가 가장 걱정되었다. 물론 아내와 아이들도 보고 싶었지만, 동생들에게 아내의 안부를 묻기가 쑥스러웠다.

 "형님, 걱정하지 마십시오. 어머님은 의연하십니다. 그보다 형수님 이 하얼빈에 와 계십니다. 저희가 차차 형수님을 안전한 곳으로 모시려고 합니다."

동생들이 내 속내를 알아차리기라도 한 듯 내 아내와 아이들의 안부를 전했다.

"그래, 아이들도 다 잘 있느냐?"

"예. 그런데 형수님이 형님을 만나러 하얼빈에 온 바로 그 날이 거사를 하신 날이어서 안타깝게도 형님을 뵐 수 없었습니다."

'하필이면 왜 그 날이었을까.'

하지만 거사 전에 아내와 아이들을 만나지 않은 게 다행이라는 생각도 들었다.

'나라의 독립을 위해 싸우겠다며 아내와 자식은 뒷전으로 미뤄둔 내가 아니던가. 가족 때문에 거사를 포기할 리 없었겠지만, 자신으로 인해 자식들이 받을 박해나 고난을 생각지 않는 아비가 어디 있겠는가.'

행여 거사 전에 아이들을 만났다면 내 결심이 조금 흔들렸을지도 모를 일이었다. 잠시 아이들과 아내 생각에 젖어 있는데 정근이 나를 불렀다.

"형님, 형님의 변호를 안병찬이라는 변호사가 하기로 했습니다."

안병찬은 들어본 이름이었다. 일본이 국제법에 따라 공정하게 재판한다면, 어떤 변호사가 변호를 맡은들 크게 걱정할 필요는 없었다.

"알았다. 그런데 동포들도 서양인 변호사를 두 명이나 보냈어. 일본이 그들을 허락한다니 나도 놀랍다."

서양인 변호사가 둘이나 된다는 내 말에 동생들의 얼굴이 환해졌다.
"너희들에게 부탁이 있다. 빌렘 신부님을 모셔올 수 있겠느냐?"
내 말에 두 동생이 동시에 물었다.
"빌렘 신부님을요?"
"왜 그렇게 놀라느냐? 고해성사한 지 꽤 오래되었다. 이곳에서 신부님한테 성사를 받고 싶어서 그런다. 내 거사가 내 조국과 동양 평화를 위한 일이긴 하지만, 천주님의 계율을 어긴 일이기 때문에 마냥 마음이 편하지만은 않구나. 내가 빌렘 신부님을 찾아갈 수가 없지 않느냐? 그래서 빌렘 신부님을 모셔 와서 고해성사를 받고 싶다."
두 동생은 내 말에 금세 얼굴이 어두워졌다.
잠시 침묵이 흘렀다. 정근이 먼저 입을 열었다.
"형님, 교구에서 형님에 대해 여러 의견이 있는 것 같습니다. 일본 형사들이 수차례 조사를 했다고 합니다."
"무슨 조사를?"
"형님이 천주교도가 맞는지 여러 번 확인했답니다. 그런데……."
동생이 말을 끊고 한숨을 푹 내쉬었다.
"그런데라니?"
"교구에서 형님이 천주교도가 아니라고, 강력하게 부인했다 합니다."
"그게 무슨 말이냐?"
"교구에서는 이토를 죽인 것이 살인죄에 해당한다고……."

나는 정근이 왜 말끝을 흐리는지 짐작이 갔다. 그렇다면 빌렘 신부를 청한다 해도 교구에서 허락하지 않을지도 몰랐다.

"빌렘 신부님도 그리 생각하시느냐? 설마 그분까지 그럴 리는 없겠지?"

두 동생이 잠시 서로 눈을 맞추더니 나를 위로하듯 말했다.

"형님, 걱정하지 마십시오. 빌렘 신부님은 틀림없이 형님을 이해하실 겁니다. 저희가 형님의 뜻을 전하고 꼭 모셔오겠습니다."

두 동생의 강력한 대답이 오히려 그러기 어렵다는 말로 들렸다.

나는 빌렘 신부님을 만난다면 내 거사를 이해시킬 자신이 있었다.

'이토 히로부미가 얼마나 많은 한국 사람을 죽였는가.'

12월 3일부터 사카이 경시가 다시 심문을 시작했다. 사카이 경시는 심문을 시작하자마자 단지 동맹자의 이름을 캐물었다. 나는 이미 진술한 것처럼 나와 함께 손가락을 자른 동지들의 이름자를 앞뒤로 바꾸거나, 엉뚱한 자를 뒤섞어서 김기룡, 강기순, 정원주, 박봉석, 유치송, 조순응, 황고병, 백남규, 김백춘, 김춘화, 강계찬 등이라고 말했다. 사카이 경시는 내 진술을 의심 없이 받아들이는 듯 보였다.

며칠 후 사카이 경시가 나를 찾아왔다. 나는 늘 하던 대로 인사했다. 사카이 경시는 답례 인사도 하지 않고 의자에 앉으며 나에게 턱짓으로 앉으라고 했다. 이전 행동과는 아주 딴 판이었다. 말투와 행동이 낯설었고 싸늘한 냉기까지 흘렀다. 눈이 마주칠 때마다 야릇한 멸시와 비웃음이 느껴졌다.

'도대체 무슨 일일까.'

나는 사카이 경시가 갑자기 돌변한 까닭이 궁금했다.

"피고는 이토 공이 한국의 원로들을 소집한 자리에서 연설한 사실을 아는가?"

"알고 있다."

"이토 공은 한국을 사랑하고 도와주는 정치를 하고 있으며, 한국이 망하지 않게 지켜준다고 연설했다. 왜 그런 고마운 이토 공을 살해하려 했는가?"

참으로 알 수 없는 일이었다. 지금까지 온화한 얼굴로 서로의 생각과 이념을 허심탄회하게 나누던 모습은 온데간데없었다. 그럴수록 내 목소리도 가시나무처럼 거칠게 나왔다.

"나는 이토를 고맙게 생각한 적이 한 번도 없다."

"피고는 참으로 한심하군. 이토 공의 은덕을 모르다니. 아직 늦지 않았으니 피고가 이토 공을 오해해서 살해했다고 인정하고 용서를 구하라."

정말로 어이가 없었다. 나는 분통이 터졌다.

"너희 일본이 백만 명의 군사를 보유하고 천만 문의 대포를 갖추었다 해도, 이 안응칠의 목숨 하나 빼앗는 권한 말고 또 무슨 권한이 있는가? 나는 더 대답할 것이 없으니 마음대로 하라."

사카이의 얼굴에 찬바람이 쌩하고 스쳤다. 앞으로 진행될 공판이 내가 원하는 대로 이루어지지 않을 수도 있다는 직감이 들었다.

'사카이가 이렇게 돌변한 것은 필시 본심이 아니고 다른 곳에서 큰 바람이 불어온 탓일 것이다. 도덕심은 희미하고 인심은 위태롭다더니(人心惟危 道心惟微 인심유위 도심유미. 《서경》에 나오는 말), 그 말이 헛된 말이 아니로구나.'

내가 더 이상 할 말이 없다고 해서 그런지 그로부터 한동안 심문을 받지 않았다.

나는 심란한 마음을 달래면서 12월 13일부터 내 개인 역사인《안응칠 역사》를 쓰기 시작했다.

안응칠 역사

소년 시절

나는 1879년 황해도 해주부 수양산 아래서 태어났다. 성은 안(安), 이름은 중근(重根)이고, 배와 가슴에 검은 점 일곱 개가 있어 다른 이름으로 응칠(應七)이라고 불렀다. 할아버지 안인수는 나를 무척 사랑해주셨다. 할아버지는 성품이 어질고 덕이 많으며 살림이 넉넉해 많은 사람을 도와주었기 때문에 황해도에서 자선가로 소문이 날 정도였다.

할아버지는 진해 현감을 지냈다. 자녀는 6남 3녀를 낳았는데, 6형제의 맏이는 태진, 둘째는 태현, 셋째가 내 아버지인 태훈이었고, 넷째는 태건, 다섯째는 태민, 여섯째는 태순이었다.

아버지를 비롯한 6형제는 모두 글공부를 잘했다. 특히 내 아버지 태훈은 어릴 때부터 신동이라 불릴 정도로 지혜와 재주가 뛰어났다. 아홉 살 즈음에 이미 사서삼경을 통달했고, 열서넛 살엔 과거시험 공부와 더불어 문장이 아름답기로 유명한 사륙변려체를 익혔다.

중년에 과거에 급제한 아버지는 진사가 되었다. 어머니 조 씨를 만나 결혼해서 3남 1녀를 낳았다. 내가 맏이고, 정근과 공근은 내 동생이다.

아버지는 1884년 갑신년에 박영효가 젊은이 70여 명을 뽑아 외국에 유학 보내기로 했을 때, 뽑힌 사람 중 하나였다. 박영효는 대한제국의 상황이 위태롭자 나라를 걱정하며, 정부를 혁신하고 백성을 개명시키기 위해서는 젊은이들이 외국에 나가 공부하는 것이 필요하다고 생각한 것이다. 그러나 박영효는 반역자로 몰려 뜻을 이루지 못하고 일본으로 피신했다. 박영효와 뜻을 같이한 사람들과, 유학 갈 명단에 뽑힌 70여 명의 젊은이도 곤욕을 치르거나 귀양을 가야만 했다. 내 아버지도 고향으로 돌아와 몸을 숨겼다.

그러자 할아버지는 집안 살림을 모두 팔고 재산을 정리한 다음 가족을 이끌고 신천군 청계동의 산중으로 이사했다. 이때 집안 식구들의 수가 무려 칠팔십 명이나 되는 대가족이었다.

청계동은 땅 생김새가 험하고 가팔랐지만, 산수가 아름답고 논밭이 제대로 갖추어 있는 곳이었다. 그야말로 별천지라 할 만했다. 내 나이는 그때 예닐곱 살 정도였다. 나는 그곳에서 서당에 다니며 학문을 익혔다.

할아버지는 내가 열네 살 되던 해에 돌아가셨는데, 나는 할아버지를 잃은 애통한 마음에 병이 나서 반년이나 앓다가 겨우 회복되었다.

나는 어려서부터 사냥을 무척 좋아했다. 사냥꾼을 따라다니며 산과 들에서 사냥하는 게 마냥 즐거웠다. 점점 나이가 들어서는 총을 메고 산에 올라가 새나 짐승들을 사냥하느라고 공부하는 것에 그다지 신경을 쓰지 않았다. 부모님과 선생님들은 그런 나를 엄하게 꾸짖었으나, 나는 말을 듣지 않았다.

어느 날 친한 친구들이 나를 걱정하며 물었다.

"네 아버님은 뛰어난 문장으로 유명하신데, 너는 어째서 무식하고 하찮은 인간이 되려는 거야?"

나는 그때 이렇게 말했다.

"너희들 말도 옳아. 하지만 내 말도 좀 들어 봐. 옛날 초패왕 항우는 '글은 이름이나 적을 줄 알면 그만이다.'라고 했어. 그런데도 초패왕은 역사에 다시 없을 영웅으로 오랜 세월 동안 이름이 전해 내려오잖아. 나는 공부 잘하는 것으로 세상에 이름을 드러내고 싶지는 않아. 초패왕도 장부요, 나도 장부인걸. 다시는 나에게 공부 얘길 꺼내지 말아줘."

나는 여러 번에 걸쳐 죽을 고비를 넘기고 살아난 경험이 있다.

처음 죽을 고비를 넘긴 것은 어느 해 3월 봄이었다. 친구들과 함께 산에 올라가 경치를 구경하다가 험한 바위가 층층이 쌓인 낭떠러지 위까지 가게 되었다. 그런데 가파른 곳에 피어 있는 꽃이 무척 탐스러웠다. 나는 그 꽃을 꺾으려다가 그만 발을 헛디뎌 수 미터 아래로 굴러떨어지기 시작했다. 때마침 나무 한 그루가 보여 손을 내밀어 그 나뭇가지를 움켜잡을 수 있었다. 겨우 몸을 가누고 사방을 살펴보니 몇십 센티미터만 더 아래로 굴렀다면, 수십 미터 아래 벼랑으로 떨어져 뼈가 부러지고 몸은 가루가 되어 영영 살아나지 못 할 뻔했다.

벼랑 위에서 여러 친구가 얼굴이 흙빛이 된 채 밧줄을 내려 나를 끌어올렸다. 올라와 몸을 살펴보니, 상처는 한 군데도 없이 등만 흠뻑 젖은 채였다. 친구들과 나는 서로 손을 잡고 기뻐하며, 하늘이 내 목숨을 살려준 것에 감사하면서 집으로 돌아왔다.

두 번째는 친구 몇 명과 노루사냥을 갔을 때였다. 구식 6연발 총을 쏘았는데, 총알이 총구멍에 걸려 빠지지도 밀리지도 않았다. 나는 총알을 빼내려고 쇠꼬챙이로 총구멍을 쑤시기 시작했다. 갑자기 꽝! 하고 정신이 나갈 정도로 엄청나게 큰 소리가 터져 나왔다. 정신을 차리고 자세히 살펴보니 총알이 터져 나오면서 쇠꼬챙이와 총알이 내 오른손을 뚫고 공중으로 날아간 것이었다. 바로 병원으로 가서 치료를 받았다. 그때 놀랐던 일을 생각하면, 꿈속에서도 등에서 진땀을 흐를 정도다. 그 뒤에도 다른 사람이 잘못 쏜 엽총 산탄 두 발을 맞은 적이 있었다. 등에 맞았지만 큰 중상은 아니었고 곧 총알을 빼내 무사했다.

세 번째는 만인계를 하는 날, 표 뽑는 기계가 고장이 났을 때였다. 갑자기 군중이 자기들을 속였다며 몽둥이와 돌을 던지면서 달려들어 내 목숨이 위태로웠다. 그때 허봉이라는 의인 덕분에 탈출할 수 있었다.

네 번째는 1908년 의병전쟁 중 일본군에 참패하여 20일 동안 거의 굶다시피 하며 연해주로 귀환할 때였다.

다섯 번째는 같은 해 연해주에서 한인 계몽 활동을 하던 때였다. 어느 산골짜기에서 일진회 회원 예닐곱을 우연히 만났다. 그때 일진회 회원들에게 마구잡이로 구타를 당했으나 간신히 도망쳐 살아남았다.

청년 시절

나는 열여섯이 되던 1894년 갑오년에 아내 김 씨를 만나 장가를 들었다.

내 나이 열일고여덟쯤 되었을 때는 아직 나이가 어렸지만, 힘이 세고 기골이 빼어나 남에게 뒤지지 않았다. 그즈음 내가 즐겨 하는 일 네 가지가 있었다. 첫째는 친구와 의를 맺는 것, 둘째는 술 마시고 노래하고 춤추는 것, 셋째는 총으로 사냥하는 것, 넷째는 날쌘 말을 타고 달리는 것이었다.

나는 의협심 있는 사나이다운 사람이 어디서 산다는 말만 들으면, 멀고 가까움을 가리지 않고 언제나 총을 지닌 채 말을 타고 달려갔다. 만나보고 동지가 될 만한 사람이면 의분이 복받치어 나라의 정세를 토론하고, 유쾌하게 실컷 술을 마시며, 취한 뒤에는 노래도 하고 춤도 추고 기생방에서 놀기도 했다.

어느 날이었다. 내가 기생에게 말했다.

"너희 얼굴이 무척 아름답구나. 너희가 호걸 남자와 짝을 지어 같이 늙는다면 얼마나 좋겠니. 그런데 너희는 왜 그렇게 하지 못하고 돈 소리만 들으면 침을 흘리고 정신을 잃는 거지? 부끄러운지도 모르고 오늘은 장 씨, 내일은 이 씨에게 붙어서 짐승처럼 행동하고 있어."

기생들은 내 말을 인정하지 않고 오히려 언짢아하며 공손하지 않은 태도를 보였다. 나는 그럴 때마다 욕을 퍼붓기도 하고 매질도 했다. 친구들은 내가 할말이 있으면 거침없이 한다며 별호를 '번개입'이라고 부르며 놀렸다.

그 무렵, 각 지방 곳곳에서 동학당이 벌떼처럼 일어났다. 동학당은 지방 탐관오리들의 폭압에 더는 견딜 수 없었던 농민들이 일으킨 봉기였다. 그런데 황해도 지방의 동학당 구성원들은 농민보다는 주로 사금을 채취하던 노동자들이었다. 사금 채취 금지령이 내려지자 이들은 불만을 갖고 과격한 무기를 들고 관아를 습격했다. 원용일은 동학당이란 이름으로 이들을 이끌고 날마다 행패를 부렸고, 불안한 날들이 계속되었다.

의협심이 강한 내 아버지는 원용일이 이끄는 동학당의 폭행을 견디다 못해 동지들과 포수들을 불러 70여 명 규모의 의병을 조직하여 청계 산중에 진을 치고 대항했다.

그러자 원용일은 군사 2만여 명을 이끌고 기세도 당당하게 청계 산중으로 쳐들어왔다. 수많은 깃발이 휘날리고 창과 칼이 번뜩였다. 동학군은 북을 치고 호각을 불며 고함을 질렀는데, 그 소리가 천지를 뒤흔드는 것 같았다. 아버지가 이끄는 의병은 고작 70여 명에 불과해 이들과 맞서는 것이 마치 달걀로 바위를 치는 격이었다. 모든 의병이 겁을 먹고 어찌할 줄을 몰랐다.

그때는 한겨울이었는데, 갑자기 동풍이 불고 큰비까지 쏟아져 가까운 곳도 제대로 보기가 어려웠다. 쏟아지는 비에 갑옷이 모두 젖게 되자 동학군은 추위 때문에 진지를 10리쯤 뒤로 물리고, 촌락에서 밤을 새우게 되었다.

그날 밤 내 아버지는 여러 장수와 함께 의논하고 나서 명령을 내렸다.

"만일 내일까지 이 자리에 앉은 채로 기다리고 있다가 적병에게 포위되어 공격받는다면, 우리의 얼마 안 되는 군사로는 적의 많은 군사에 대항할 수가 없다. 오늘 밤 먼저 습격하는 길밖에 없다."

아버지는 닭이 울자 새벽밥을 지어먹고 날쌘 군사 40명을 뽑아 출발시키고, 남은 군사들은 본진을 지키게 했다. 그때 나는 동지 6명과 함께 자원해서 선봉장 겸 정탐 독립대로 나섰다. 앞서 가면서 수색하며 적진의 대장이 있는 곳 가까이에 다다랐다.

숲속에 엎드려서 적진의 상황을 살펴보았다. 깃발이 바람에 휘날리며 펄럭이고 불빛이 치솟아 대낮처럼 밝았다. 하지만 사람과 말들이 소란스러운 것이 도무지 규율이 없어 보였다. 나는 동지들을 돌아보며 말했다.

"지금 적진을 습격한다면, 반드시 성공할 것입니다."

내 말에 모두 고개를 저었다.

"우리는 숫자가 얼마 안 되는데, 어떻게 적의 수만 대군을 당할 수 있겠습니까?"

"그렇지 않습니다. 병법서에서는 '적을 알고 나를 알면 백 번 싸워 백 번 이긴다'고 했습니다. 지금 적의 형세를 보니 오합지졸이 따로 없습니다. 질서없이 모여 있는 군중에 불과합니다. 우리 일곱 사람이 마음을 같이 하고 힘을 합하기만 하면, 저런 무리는 백만 대군이라고 해도 겁낼 것 없습니다. 아직 날이 밝지 않았으니 파죽지세로 진격할 수 있을 것입니다. 여러분은 망설이지 말고 내 작전에 따르세요."

그러자 모두 내 말에 따르기로 하고 계획을 짰다.

우리 일곱은 신호와 함께 일제히 적진의 대장이 있는 곳을 향해 연속 사격을 시작하였다. 총성이 벼락처럼 천지를 흔들고 탄환이 우박처럼 쏟아졌다. 기습을 전혀 예측하지 못한 적병은 어찌할 줄 몰라 갑옷도 제대로 입지 못하고 총도 놔둔 채 이리저리 서로 밀치고 밟히며 산과 들로 흩어져 달아났다. 우리는 물밀 듯이 추격했다.

동이 트기 시작했다. 그제야 적병은 우리 숫자가 얼마 안 되는 것을 알아차리고, 사방에서 우리를 에워싸고 공격해 오기 시작했다. 점점 상황이 위급해진 우리는 좌충우돌해 보았으나 빠져나갈 길이 막막했다.

그때 갑자기 등 뒤에서 포성이 크게 울렸다. 우리 본진 군사들이 돌격해 오고 있었다. 그러자 적병들은 물러서기 시작했고, 우리는 무사히 포위망에서 벗어날 수 있었다. 본진과 우리가 합세하여 적들을 공격하니, 적들은 사방으로 흩어져 달아났다.

전투가 끝난 후 전리품을 거두어 보니, 군기와 탄약이 수십 발이었고, 말도 수를 헤아리기 어려울 만큼 많았다. 군량도 천여 포대나 거두었다. 우리 의병 중에는 다친 사람이 하나도 없었지만, 적병의 사상자는 수십 명이었다. 우리는 하늘의 은혜에 감사하고 만세를 세 번 부르며 마을로 돌아온 뒤 급히 관찰부에 승전 보고를 했다.

동학당의 포로 중에 나보다 나이가 많은 김창수란 청년이 있었는데, 내 아버지는 김창수의 사람 됨됨이를 높이 사서 우리 집에서 지내게 했다.

당시 일본 위관 스즈키란 자가 군대를 이끌고 우리 곁을 지나가다가 서신을 보내어 축하의 뜻을 표했다. 나라에서는 관군의 힘으로는 동학당을 진압할 수 없자, 청나라에 도움을 요청했다. 청군이 들어오자 일본도 군사를 앞세우고 바다를 건너왔다. 일본과 청 두 나라는 우리나라 안에서 서로 충돌하여 결국은 큰 전쟁이 일어났다. 이후 러시아와 일본 사이의 전쟁도 벌어져 나라는 위태로운 지경에 이르게 되었다.

천주교에 입교하다

아버지는 어려운 일을 당했을 때, 프랑스 신부가 있는 천주교당에 몸을 피해 지낸 적이 있었다. 그곳에서 몇 달 지내면서 천주교 강론도 듣고 성서도 읽으며 지내다 천주교에 입교했다. 고향으로 무사히 돌아온 아버지는 천주교의 복음을 널리 전파했다. 멀리서든 가까이서든 아버지의 권유로 천주교에 입교하는 사람들이 날마다 늘어났다.

우리 가족도 모두 천주님을 믿게 되었다. 나도 프랑스 선교사 빌렘 신부에게 세례를 받고 세례명을 도마(토마스)라 하였다. 빌렘 신부의 한국 이름은 홍석구였는데, 우리는 그냥 빌렘 신부님이라고 불렀다.

빌렘 신부에게 여러 달 동안 경문과 교리를 배우고 토론하면서 나에게 독실한 믿음이 생겼다. 천주와 예수 그리스도를 믿으며 몇 해를 지내는 동안, 나 역시 사람들에게 복음을 전하고 천주교에 입교하라고 권하며 연설도 했다.

나는 천주교의 성경 내용을 쉬운 말로 풀어가며, 그 뜻을 사람들에게 알렸다. 예수의 행적과 열두 제자의 이름도 알려주었다. 예수는 천주의 아들로, 무고한 죄로 잡혀 십자가에 못 박혀 죽었고, 사흘 후에 부활했음도 전했다. 그때 예수가 제자들에게 나타나 40일 동안 함께 지내며, 인간의 죄를 사하는 권한을 주고 하늘로 올라갔다는 것도 알렸다. 천주교의 최고 성직자는 교황으로 이탈리아의 로마에 있는데, 세계 여러 나라 천주교인들이 모두 교황을 우러르고 있다는 말도 전했다.

　지금 세계 문명국의 박사와 학사, 신사 중에서 천주와 예수를 믿지 않는 사람이 없으니, 우리 모든 동포 형제자매도 천주를 믿고 천주의 자녀가 되자고 연설했다. 그리고 다 같이 태평을 누리다가 죽은 후에는 천당에 올라가 상을 받고 영원히 사는 복을 누리자고 했다.

　나는 사람들에게 세 가지 혼이 있는데, 그중에서 사람의 혼이 가장 중요하다는 것도 말해주었다. 첫 번째 혼은 생혼으로 나무와 풀의 혼이고, 두 번째는 각혼으로 사물의 이치와 도리를 깨달을 수 있는 혼이며, 세 번째는 영혼이다. 영혼은 사람의 혼으로 생장하고 지각하며, 옳고 그름을 분별하고 도리를 토론하며 만물을 맡아 다스릴 수 있는 혼이다. 그래서 세상에 오직 사람이 가장 귀하다는 것을 알려 주었다.

　사람이 영혼이 없고 육체만 있다면 짐승과 다를 바가 없다고 강조했다. 사람의 영혼은 지극히 높으신 천주께서 주시는 것으로, 영원 무궁하여 죽지도 사라지지도 않는다고 깨우쳐 주었다.

　그 후 교세가 점점 늘어나 교인이 수만 명에 이르렀고, 선교사도 여덟 명이 황해도에 와서 머물렀다. 나는 그때 빌렘 신부에게서 프랑스 말을 몇 달 동안 배웠다.

　어느 날 나는 빌렘 신부에게 한국 교인들이 학문에 어두워 전도할 때 어려움이 많으니, 서울에 있는 뮈텔 주교에게 부탁해서 학식이 뛰어난 서양 수사 몇 사람을 데려오면 좋겠다고 말했다. 그 사람들과 대학교를 설립하여 재주가 뛰어난 사람들을 교육한다면, 수십 년이 지나지 않아 반드시 큰 효과를 볼 것이라고 했다.

그 후 빌렘 신부와 나는 함께 계획을 세우고 서울로 가서 뮈텔 주교를 만났다. 뮈텔 주교는 학교를 세워 사람들을 가르치자는 내 제안을 받아들이지 않았다. 오히려 배움이 천주교를 믿는 걸 방해할 것이라며 다시는 그런 말을 하지 말라고 한마디로 거절했다.

나는 두세 번 더 설득해 보았지만, 뮈텔 주교는 끝내 들어주지 않았다. 희망을 품고 뮈텔 주교를 찾아갔지만, 절망을 안고 돌아오게 되었다. 나는 너무나 분했다. 천주교의 진리는 믿을지언정 외국인의 마음은 믿을 것이 못 된다는 것을 절실히 깨달았다.

나는 돌아오자마자 그때까지 해오던 프랑스말 공부를 중단해 버렸다. 왜 그만두느냐고 묻는 벗에게 나는 단호하게 말했다.

"일본말을 배우는 자는 일본의 종놈이 되고, 영어를 배우는 자는 영국의 종놈이 돼. 프랑스말을 배우다가는 프랑스 종놈이 되어 버릴 것 같아. 그래서 배우는 걸 그만두었어. 만일 우리나라가 강한 힘이 있는 나라가 된다면 세계 사람이 한국말을 배울 테니, 조금도 걱정하지 말게나."

그 무렵 금광에서 감리를 보는 주가라는 사람이 천주교를 비방하고 다녀 피해가 작지 않았다. 나는 천주교 대표로 뽑혀 주가를 만나러 갔다. 주가에게 사리를 따져가며 왜 천주교를 헐뜯고 다니는지 자세하게 물어보는 중이었는데, 금광에서 일하는 일꾼 사오백 명이 몽둥이와 돌 등을 들고 내게 달려들었다. 옳고 그름은 따지지도 않고 막무가내로 나를 두들겨 패려고 했다. 무척 다급한 상황에 부닥친 나는 어찌해야 할지 알 수가 없었다. 이른바 법은 멀고 주먹은 가깝다고 할 만한 상황이었다. 나는 오른손으로 허리춤에 차고 있던 단도를 재빨리 뽑아 들고 왼손으로는 주가의 오른손을 잡고서 큰소리로 주가에게 말했다.

"너한테 백만 명의 무리가 있다 해도, 지금 네 목숨은 내 손에 달렸다!"

주가는 크게 겁을 먹고 몰려온 사람들을 꾸짖으며 물러서게 했다. 나는 주가의 손을 잡은 채로 문밖으로 끌고 나와 10여 리를 함께 갔다. 그러고 나서 주가를 놓아주고 나도 급하게 그곳을 빠져나왔다.

그 후에도 수많은 사람의 손에 죽을 뻔한 일이 있었다. 내가 만인계 사장이 되어 출사표를 던지는 날이었다. 멀고 가까운 곳에서 참석한 사람들이 계장 앞뒤 좌우에 늘어서서 인산인해를 이루고 있었다. 가운데 놓인 단상에는 여러 임원이 함께 했고, 네 곳의 문에서는 순검들이 지키고 있었다.

그런데 표를 뽑는 순간, 기계가 고장나면서 한꺼번에 표 대여섯 개가 쏟아져 나왔다. 그것을 지켜보던 수만의 군중이 잘잘못은 따지지도 않고 속임수를 썼다며 고함을 지르며 돌멩이를 던지고 몽둥이를 휘두르며 달려들었다. 문을 지키던 순검들도 달아났고, 임원 여러 명이 다치고 더러는 도망치는 바람에 나 혼자만 남게 되었다.

"사장을 쳐 죽여라!"

수많은 군중이 고함을 지르고 있어 내 목숨이 경각에 달려 있었다. 사장인 내가 도망간다면 회사의 일들은 다시는 돌이킬 수 없게 될 것이었다. 게다가 뒷날 내 명예 역시 어찌 될지 알 수 없는 다급한 순간이었다. 나는 행장 속에서 총을 꺼내 오른손에 들고 단상 위로 올라갔다. 그리고는 군중을 향해 크게 외쳤다.

"왜 이러십니까? 왜 이러시는 겁니까? 잠깐 내 말을 들으십시오. 무엇 때문에 나를 죽이려 합니까? 여러분이 옳고 그름을 가리지 않고 소란을 피우고 난동을 부리니, 세상에 어찌 이 같은 야만스런 행동이 있을 수 있습니까? 여러분은 나를 해치려 하지만 나는 죄가 없습니다. 어찌 이유 없이 목숨을 버릴 수 있겠습니까? 나는 죄 없이 죽지 않겠습니다. 만일 나와 더불어 목숨을 겨룰 자가 있다면 당당히 앞으로 나서시오!"

내 말에 모든 사람이 겁을 먹고 물러났다. 그때 한 사람이 뒤쪽에서 나를 에워싼 무리 위를 뛰어 넘어오는데, 마치 나는 새처럼 빨랐다. 그가 내 앞에 다가서더니 손으로 나를 가리키며 꾸짖었다.

"당신은 사장으로서 수만 명을 불러다 놓고는 어째서 사람을 죽이려는 겁니까?"

그 사람은 기골이 장대하며 목소리도 우렁차서 일대 영웅이라 할 만했다. 나는 단 아래로 내려와 그의 손목을 잡고 인사하며 말했다.

"형씨! 노여워 말고 내 말을 들어보십시오. 지금 사태가 이렇게 된 것은 내 본의가 아닙니다. 일이 이러저러했는데, 공연히 소란을 일으키고 난동을 피우는 무리가 있었던 것이오. 다행히 형씨가 내 위태로운 목숨을 살려주었습니다. 옛글에 죄 없는 사람 하나를 죽이면 천 세에 걸쳐 재난을 입게 되고, 죄 없는 사람 하나를 살려주면 만대에 걸쳐 복을 받는다고 했습니다. 성인만이 성인을 알아보고, 영웅만이 영웅과 사귈 수 있지 않습니까. 나와 지금부터 백 년의 교분을 맺는 것이 어떻습니까?"

"좋습니다."

그는 흔쾌히 대답하고 군중을 향해 소리쳤다.

"사장에겐 전혀 잘못이 없습니다. 만일 여러분 중에 사장을 해치려는 자가 있으면, 내가 주먹으로 그를 때려죽여 버릴 것입니다."

그가 말을 마치고 두 손으로 군중을 헤치며 나갔는데, 마치 썰물처럼 사람들이 일사불란하게 양옆으로 벌어졌다. 나는 그제야 마음을 놓고 다시 단 위로 올라갔다. 큰 소리로 사람들을 불러 모아 안정시킨 뒤 상황을 다시 설명했다.

"오늘 있던 일은 이렇고 저렇고 간에 별로 잘못된 것이 없습니다. 공교롭게도 기계가 고장 나 생긴 일이니, 여러분도 용서해 주십시오. 그리고 오늘 출표식은 처음에 하려고 했던 대로 다시 거행해 끝내는 것이 어떻습니까?"

내 말에 모두 손뼉을 치며 찬성했다. 출표식은 원래대로 진행하여 무사히 끝마쳤다.

나는 나를 살려준 은인과 다시 인사를 나누었다. 그의 성은 허 씨이고 이름은 봉으로 함경북도 사람이었다. 나는 그의 은혜에 감사한 다음, 형제의 의를 맺고 술상을 차려 초대했다. 그는 독한 술을 먹고도 조금도 취한 기색이 없었다. 그의 팔심을 시험해 보느라 개암나무 열매와 잣 수십 개를 꺼냈는데, 그는 그것들을 손바닥에 놓고 두 손바닥을 마주 비벼서 갈았다. 그러자 마치 맷돌로 으깬 듯 가루가 되어 보는 사람마다 놀라지 않는 이가 없었다.

허봉에겐 또 다른 재주도 있었다. 두 팔을 등 뒤로 돌려 기둥을 안게 한 뒤, 밧줄로 두 손을 꽁꽁 묶었다. 두 팔 사이에 있는 기둥은 마치 몸뚱이와 일체가 된 듯해 다른 사람이 손을 묶은 밧줄을 풀어 주지 않고 한 도저히 몸을 뺄 수 없었다. 그런데 여러 사람이 지켜보는 동안 불과 일 분 사이에 몸을 빼냈다. 두 팔을 묶은 밧줄은 그대로 있는데, 허봉은 감쪽같이 빠져나와 우뚝 서 있었다. 보는 사람마다 모두 감탄했다.

"주량은 이태백보다 낫고, 힘은 항우에게 모자라지 않고, 술법은 좌좌에게 비길 만합니다."

며칠 동안 그와 함께 즐기다가 헤어졌다. 그 뒤로 지금까지 몇 해 동안 그가 어떻게 되었는지 알지 못한다.

그 무렵 두 가지 사건이 있었다. 하나는 옹진 군민이 돈 5,000냥을 한성에 사는 전 참판 김중환에게 뺏긴 일이었다. 다른 하나는 이경주의 일로, 그는 평안도 영유군 사람으로 의사였다. 이경주는 황해도 해주부에 살면서 유수길의 딸과 결혼하여 딸 하나를 두었고, 장인에게 집과 재산, 노비들을 나누어 주었다.

그때 해주부 지방 대병영 위관인 한원교라는 사람이 있었다. 한원교는 이경주가 한성에 간 틈을 타서 이경주의 아내를 꾀어내어 간통하고, 유수길을 위협하여 집과 세간을 뺏은 다음 그 집에 들어가 버젓이 살고 있었다.

이경주가 그 소문을 듣고 해주부로 돌아왔다. 그런데 한원교가 병정을 시켜 이경주를 마구 팼다. 이경주는 머리가 깨지고 피를 너무 많이 흘려 차마 눈으로 보기 어려운 상태가 되었다. 이경주는 겨우 도망하여 목숨을 건진 다음 곧바로 상경하여 육군 법원에 억울함을 호소했다.

그 후 이경주는 한원교와 7~8차례에 걸쳐 재판을 받았다. 하지만 한원교는 뒤에서 돌봐 주는 세력이 있어 벼슬만 내놓았을 뿐, 이경주의 아내와 가산을 몽땅 챙긴 후 상경하여 살고 있었다.

옹진 군민과 이경주가 모두 천주를 믿고 있었기 때문에, 내가 옹진군 대표로 뽑혀 이 두 가지 일에 관여하게 되었다.

먼저 옹진 군민의 돈 5,000냥을 돌려주지 않고 있는 김중환을 찾아갔다. 그의 집 방 안에는 귀한 손님들이 가득 앉아 있었다. 김중환과 서로 인사를 나누었는데, 김중환이 먼저 내게 물었다.

"무슨 일로 나를 찾아왔는가?"

나는 겸손하게 대답했다.

"나는 본시 시골에 사는 어리석은 백성이라 세상 규칙이나 법률을 잘 몰라서 물어보러 왔습니다."

김중환은 나를 귀찮게 여기며 물었다.

"그래 무엇을 물어보려 하는가?"

"만일 한성에 사는 벼슬 높은 양반이 시골 백성의 재산 몇천 냥을 억지로 빼앗은 다음 돌려주지 않는다면, 어떤 법률로 다스려야 합니까?"

김중환은 잠자코 있다가 양심이 켕기는 듯 한참 후에 입을 열었다.

"그것이 나와 관련된 일인가?"

나는 김중환이 몹시 괘씸했다.

"그렇습니다. 참판께서는 무슨 까닭으로 억지로 빼앗은 옹진 군민의 재산 5,000냥을 갚지 않는 것입니까?"

내 말에 김중환은 아무렇지도 않게 대답했다.

"지금 내 수중에 돈이 없으니 갚지 못하네. 다음에 갚아주겠네."

김중환의 속마음을 읽은 나는 순순히 물러날 수는 없었다.

"그럴 수 없습니다. 이렇게 크고 좋은 집에서 수많은 물건을 쌓아두고 살면서 고작 5,000냥이 없다고 하면 어느 누가 믿겠습니까?"

그때였다. 옆에서 듣고 있던 한 관원이 큰 소리로 나를 꾸짖었다.

"김 참판은 당신보다 한참이나 연세가 높은 분인데, 어디서 감히 이처럼 무례하게 말하는가?"

나는 웃으며 그 사람에게 물었다.

"댁은 누구십니까?"

"내 이름은 정명섭일세."

그는 한성부 검찰소 검사이었다.

나는 다시 정명섭에게 물었다.

"검사는 옛글을 읽지 못했습니까? 예로부터 지금까지 어진 임금과 훌륭한 재상은 백성을 하늘로 섬겼고, 나쁜 임금과 탐욕스런 관리들은 백성을 밥으로 여겼습니다. 그러니 백성이 부유하면 나라가 부유하고, 백성이 약하면 나라가 약해지는 것입니다. 요즘처럼 어지러운 시대에 당신들은 국가를 보필하는 신하로서 임금의 거룩한 뜻을 받들지 않고 이렇게 백성을 업신여기니, 어찌 국가의 앞길을 걱정하지 않을 수 있겠습니까. 게다가 지금 이 방 안은 재판소가 아니지 않습니까? 만일 당신에게 5,000냥을 돌려줄 의무가 있다면, 나와 같이 이야기해 봅시다."

내 말에 정명섭은 아무 대꾸도 하지 못했다.

김중환이 입을 열었다.

"두 분이 서로 힐난할 것 없네. 내가 며칠 뒤에 5,000냥을 갚겠으니 너그러이 용서하게."

김중환이 네다섯 차례에 걸쳐 하소연하며 부탁하기에 나는 어쩔 수 없이 날짜를 정하고 그 집에서 나왔다.

또 다른 일에선 이경주가 한원교의 집 주소를 알아내어 나와 상의했다.

"한원교는 세력가이므로 법관이 불러도 무슨 핑계라도 대면서 도망가니 공판을 할 수 없을 것입니다. 그러니 우리가 먼저 가서 한원교 부부를 잡은 후, 같이 법정에 가서 공판을 받읍시다."

내 제안에 이경주는 친구 몇 사람과 함께 한원교의 집으로 갔다. 하지만 한원교 부부는 이미 눈치채고 피해 버렸기 때문에 어쩔 수 없이 그냥 돌아왔다.

도리어 한원교는 한성부에 이경주를 무고죄로 고소하였다. 이경주가 자기 집 안뜰까지 들어와 늙은 어머니를 구타했다고 고소한 것이다. 한성부에서는 이경주를 잡아갔다. 검사는 이경주에게 증인이 있느냐고 물었다. 이경주가 나를 증인으로 불러서 나도 심문을 받게 되었다. 검찰소에 가 보니 검사는 바로 정명섭이었다.

정명섭은 나를 보자마자 잔뜩 화가 난 얼굴이었다.

나는 속으로 며칠 전 정명섭과 다툰 일 때문에 보복당하겠구나 싶었다. 하지만 죄가 없으니 어떻게 나를 해칠 수 있으랴 생각하며 가만히 있었다. 정명섭이 내게 묻는 말마다 사리에 맞게 또박또박 대답했다.

"당신은 이경주와 한원교 두 사람의 일을 증언할 수 있는가?"

"그렇습니다."

"무엇 때문에 한원교의 어머니를 때렸는가?"

"그렇지 않습니다. 처음부터 그런 행동을 한 일이 없습니다. 나는 나에게 싫은 일은 남에게도 하지 않습니다. 내가 왜 다른 사람의 늙은 어머니를 때리겠습니까?"

"그러면 무엇 때문에 남의 집 안뜰에까지 들어갔는가?"

"나는 처음부터 남의 집 안뜰에 들어간 일이 없습니다. 다만 이경주의 집 안뜰에 들어갔던 것뿐입니다."

"어째서 그 집을 이경주의 집 안뜰이라 하는가?"

"그 집은 이경주의 돈으로 산 집이요, 방 안에 있는 살림살이도 모두 이경주가 예전부터 쓰던 것들입니다. 노비들 역시 이경주가 부리던 노비요, 아내도 바로 이경주가 사랑하는 아내이니, 그곳이 이경주의 집이 아니고 누구의 집이겠습니까?"

검사는 내 말에 할 말이 없는 듯 잠시 침묵을 지켰다.

그때 문득 한원교가 보였다. 나는 한원교에게 말했다.

"무릇 군인이란 국가의 중대한 임무를 맡은 사람이다. 충성스런 마음을 길러 외적을 방어하고 강토를 지키며 백성을 보호하는 것이 당당한 군인의 직분이다. 하지만 너는 못되고 거짓말만 하는 군인이다. 어진 백성의 아내와 재산을 강제로 뺏고, 자신의 힘만 믿고서 제 마음대로 하는구나. 만일 한성에 너 같은 도둑놈이 많이 산다면 세상이 어찌 되겠는가? 한성 놈들만이 자식과 손자를 낳고 집과 생업을 지킬 수 있을 뿐, 저 시골의 약한 백성들은 아내와 재산을 모두 한성 놈들한테 뺏기고 말 것 아닌가. 세상에 어찌 백성 없는 나라가 있겠는가, 너 같은 한성 놈은 만 번 죽어도 아깝지 않다."

내 말이 끝나기도 전에 정명섭이 책상을 꽝 내리치면서 큰 소리로 말했다.

"이놈! 한성 놈들, 한성 놈들 하는데, 한성에 누가 산다고 네가 감히 그렇게 말하는 것이냐?"

나는 웃으며 대답했다.

"검사는 무엇 때문에 화를 내십니까? 나는 한원교에게 너 같은 도둑놈이 한성에 많다면, 다만 한성 놈들만이 생명을 보전할 것이요, 시골 백성은 모두 죽을 것이라고 한 말입니다. 만일 한원교 같은 놈이라면 당연히 그 욕을 들어야겠지만, 그렇지 않은 사람이야 무슨 상관이 있습니까. 검사가 잘못 듣고 오해한 것입니다."

정명섭이 내게 다시 말했다.

"네 말은 그릇된 것을 꾸며대고 있다."

"그렇지 않습니다. 물론 좋은 말도 그릇되게 꾸며댈 수 있겠지요. 하지만, 물을 가리켜 불이라 한들 누가 믿겠습니까?"

내 말에 검사도 할 말이 없는 듯 하인을 시켜 이경주를 감옥에 가두었다.

그러더니 나도 가두려 했다. 나는 검사에게 화를 내며 물었다.

"어째서 나를 가두려 합니까? 오늘 내가 여기 온 것은 증인으로 불러서 온 것이지, 피고로 붙잡혀 온 것이 아닙니다. 법률 조항이 천만

개가 있더라도 죄 없는 사람을 잡아 가두라는 조항은 없을 것입니다. 감옥이 백천 칸 있어도 죄 없는 사람 가두는 감옥은 없을 것입니다. 오늘 같은 문명시대에 어찌 감히 개인적인 감정으로 법을 마음대로 휘두르려 합니까?"

나는 말을 마치고 곧바로 여관으로 돌아왔다. 검사도 더는 나를 막지 못했다.

아버지의 일

그 무렵 고향 집에서 편지가 왔다. 아버지의 병환이 위중하다는 내용이었다. 나는 바로 간단하게 짐을 꾸려 집으로 향했다. 한겨울이라 천지에 흰 눈이 가득하고 찬바람이 몰아쳤다. 독립문 밖을 지나면서 친구가 죄 없이 이 추운 겨울에 차가운 감옥에 갇혀 고생하고 있는 것을 생각하니, 가슴이 찢어지는 것 같았다. 얼마나 기다려야 못된 간신배들이 없어지고, 당당한 문명 독립국을 이뤄 민권과 자유를 누릴 수 있을까. 피눈물이 솟아올라 발걸음이 비틀거렸다. 어찌할 길이 없어 혼자 천 리 길을 걸어가다가 말을 타고 가던 이웃 고을 친구 이성룡을 만났다.

"잘 만났네. 서로 길동무나 하며 같이 고향에 가자."

그가 나를 보더니 말했다.

"자네는 말을 타고 가고, 나는 걸어야 하는데, 어떻게 같이 가?"

내가 대답했다.

"이 말은 한성에서 세를 낸 말인데, 날이 추워서 오래 탈 수가 없어. 서로 교대로 타고 가면 빨리 갈 수도 있고 심심치도 않겠어. 그러니 사양 말고 말을 타게."

이성룡이 이렇게 말하며 어서 말을 타라고 했다.

둘이 길동무가 되어 가다가 연안읍에 이르렀다. 그곳은 가뭄이 심해 농작물이 형편없었다. 마부가 전신주를 가리키며 욕을 했다.

"외국 사람이 전신주를 설치해 공중에 있는 전기를 몽땅 가둔 다음부터는 비가 오지 않아 흉년이 드네."

내가 웃으며 반박했다.

"어찌 그럴 리가 있겠어. 한성에서 오래 살았다면서, 왜 그렇게 무식한 거야."

말도 끝내기 전에 마부가 말채찍으로 내 머리를 내리치면서 욕을 퍼부었다.

"네가 도대체 누군데, 나를 보고 무식하다고 하는 거야?"

나는 어이가 없어 말 위에 앉은 채 하늘을 보고 크게 웃었다. 이성룡이 마부를 말려서 더 큰 일은 벌어지지 않았지만, 내 옷과 꼴이 말이 아니었다.

연안 성내에 이르자 그곳 친구들이 내 꼴을 보고 놀라 왜 그런지 물었다. 내가 까닭을 이야기했더니 모두 분노하여 마부를 처벌받게 하자고 했다. 나는 마부란 놈이 잠시 제정신을 잃어버린 미친 사람이니 손댈 것까진 없다며 친구들을 말리고, 마부를 그냥 돌려보냈다.

그 뒤 이경주는 말도 안 되는 법을 적용받아 3년 징역을 선고받았는데, 1년 후에 사면으로 풀려났다. 하지만 한원교가 돈으로 사람 둘을 써서 이경주를 칼로 찔러 죽이게 한 후 달아났다. 재물과 계집 때문에 사람의 목숨을 죽이는 것은 뒷사람이 경계할 만한 일이었다. 이경주를 살해한 두 사람과 계집은 관청에 붙잡혀 처벌받았지만, 한가 놈은 끝내 잡지 못했다. 이경주는 억울한 원혼이 되고 말았다.

당시 각 지방 관리들은 함부로 백성의 피를 빨았다. 관리와 백성들은 서로 원수가 되었고, 서로를 도둑처럼 대했다. 하지만 천주교인들은 포악한 관리들의 명령에 맞서고 물건을 빼앗기지도 않으려 하자, 나쁜 관리들은 교인을 마치 외적처럼 미워하였다. 그래도 그들은 힘이 있는 자들이었고, 우리는 그렇지 못하여 어찌할 도리가 없었다.

좋은 일에는 나쁜 일이 끼어들고, 미꾸라지 한 마리가 맑은 물을 흐리듯이, 그 무렵 나쁜 패거리들이 자신들이 마치 천주교도인 척하면서 다른 사람을 속이는 일이 더러 있었다. 관리들은 이 틈을 타 천주교인들을 억압하고 괴롭히려 했다.

황해도에서는 천주교인들이 행패를 부려 행정과 사법 업무를 볼 수 없다 하여 정부로부터 사핵사(실제 사정을 자세히 조사하는 관리) 이응익이 파견되었다. 해주부에서는 각 고을에 군인과 순경을 보내 옳고 그름을 따지지 않고 천주교의 우두머리들을 모조리 잡아들이는 통에 교회가 크게 혼란스러웠다.

그들은 내 아버지도 잡으려고 두세 차례 찾아왔지만, 우리가 끝내 버티는 바람에 잡아가지 못했다. 그 후 아버지는 다른 곳으로 몸을 피하셨다. 나는 관리들의 악독한 행동에 화가 나서 밤낮으로 술을 마셨고, 그 울분으로 병이 생겨 치료를 받았으나 잘 낫지 않았다.

이듬해에 이웃 마을에 갔다가 아버지께서 친구인 이창순의 집에 와 계신다는 말을 들었다. 내가 곧 그리로 갔으나 아버지는 이미 고향으로 돌아가신 후였다. 그런데 이창순은 아버지가 그곳에서 큰 곤욕을 당하셨다고 했다.

무슨 일 때문이었는지 묻자, 이창순이 말했다.

"아버님은 병을 치료하기 위해 안악읍의 청나라 의사인 서가를 찾아가셨어. 진찰을 받은 다음 이야기를 나누던 중이었는데, 서가가 무슨 까닭인지 아버님의 가슴과 배를 발로 차서 상처를 입혔어. 하인들이 의사를 붙잡아 혼내려고 했지. 그런데 아버님이 타이르셨어. '오늘 우리가 여기 온 것은 치료를 받으려는 것인데, 의사를 때리면 누가 옳은지 그른지를 떠나 남의 웃음거리나 될 뿐이니 모두 참게나.' 하셔서 분한 걸 억지로 참을 수밖에 없었어."

"그래? 내 아버지는 너그러우셔서 그리하셨지만, 나는 자식으로서 참고 지나칠 수는 없어. 당연히 잘잘못을 따져본 다음, 법에 호소해서 그런 못된 버릇을 고치게 하는 것이 어떨까?"

내가 말했더니 모두 그렇게 하는 게 좋겠다 하여 서가를 찾아갔다.

내가 말을 몇 마디 하기도 전에 서가가 벌떡 일어나더니, 칼을 빼들고 내 머리를 치려 했다. 나는 재빨리 일어나 서가의 손을 막고, 내 허리춤에서 권총을 꺼내 그의 가슴팍에 대고 쏘는 시늉을 했다. 서가는 겁을 집어먹고 덜덜 떨었다. 그때 나와 함께 갔던 친구 이창순이 내가 위험한 줄 알고, 자기 단총을 뽑아 공중으로 두어 방을 쐈다. 그러자 서가는 내가 총을 쏜 줄 알고 매우 놀랐다.

이창순이 서가의 칼을 빼앗아 반으로 부러뜨려 그의 발아래에다 내동댕이치자 서가는 땅에 거꾸러졌다.

나는 곧바로 법관에게 가서 전후 사정을 호소했다. 하지만 서가가 외국인이라 재판할 수 없다고 하였다. 게다가 고을 사람들이 말려서 서가를 놔두고 집으로 돌아왔다.

며칠 후 편지가 왔는데, 한밤중에 어떤 놈들인지 일고여덟 명이 이창순의 집에 침입했다는 내용이었다. 그놈들은 이창순의 아버지를 마구 때리며 끌어갔는데, 이창순이 바깥방에서 자다가 화적들이 쳐들어온 줄 알고 총을 뽑아 뒤쫓아갔다고 한다. 그놈들이 이창순에게 총을 쏴서 이창순 역시 총을 쏘며 달려들자 아버지를 두고 도망쳤다. 이튿날, 알아보니 서가가 진남포 청나라 영사에게 호소해서 청나라 순사 둘과 우리나라 순사 둘에게 안가를 잡아오게 했는데, 순사들이 착각하여 이창순의 집에 들어갔다는 것이었다. 안가란 바로 우리 집이었다.

나는 진남포로 가서 자세한 상황을 알아보았다. 그러자 청나라 영사는 그 일을 한성에 있는 공사에 보고하여 대한국 외무부에 조회하겠다고 했다. 나는 곧바로 한성에 올라가 전후 사실을 들어 외무부에 청원했다. 다행히 진남포 재판소에서 재판을 받도록 판결이 났고, 나는 서가와 더불어 공판을 받게 되었다. 공판 결과, 서가가 저지른 나쁜 짓이 드러났고, 아버지는 잘못이 없다는 판결로 끝을 보게 되었다. 그 후 서가와 만나 사과하고 좋은 관계를 유지하게 되었다.

그 무렵 나는 빌렘 신부와 크게 다툰 일이 있었다. 빌렘 신부는 언제나 교인들을 낮추어 보는 경향이 있었다. 나는 여러 교인과 상의했다.

"거룩한 교회 안에서 어찌 이 같은 일이 있을 수 있겠습니까. 한성에 가서 뮈텔 주교에게 청원하고, 만일 뮈텔 주교로도 안 되면, 당연히 로마 교황에게 아뢰서라도 이러한 폐습은 막는 게 어떻겠습니까?"

모두 내 의견에 따르기로 했다. 그때 빌렘 신부가 이 말을 듣고 크게 화를 내면서 나를 치고 때렸다. 나도 분하고 치욕스러웠으나 참았다. 그 후 빌렘 신부가 나에게 말했다.

"잠시 화를 낸 것은 감정이 격해서 그런 것이니, 회개하겠네. 그러니 서로 용서하는 것이 어떤가."

나 역시 '감사합니다.'라고 말하고, 그간의 우정을 다시 찾아 서로 좋게 지내게 되었다.

독립운동을 위한 모색

1904년이었다. 인천 앞바다에서 일본과 러시아 두 나라가 대포 소리를 크게 울리더니 전쟁이 일어났다는 소식이 들렸다.

빌렘 신부가 크게 탄식했다.

"대한이 앞으로 위태로워지겠구나."

내가 왜 그렇게 생각하는지 묻자, 신부는 이렇게 대답했다.

"러시아가 이기면 한반도를 러시아가 지배할 것이고, 일본이 이기면 일본이 차지하려 들 거야."

나는 신문과 잡지, 각 나라의 역사책들을 읽으며 과거 일과 현재, 미래의 일들을 추측하였다.

이듬해 1905년, 러일전쟁에서 일본이 승리하자, 이토 히로부미가 대한으로 건너와 정부를 위협하여 5조약을 강제로 맺었다. 우리 삼천리강산과 이천만 동포가 바늘방석에 앉은 것 같이 되었다. 아버지는 울분에 차서 병이 더욱 심해졌다. 나는 아버지와 앞으로 어떻게 할 것인지 상의했다.

"일본이 러시아와 전쟁을 시작할 때, 일본의 선전포고문에는 '동양의 평화를 유지하고 대한의 독립을 굳건히 하겠다.'는 말이 있었습니다. 하지만, 그 약속을 지키지 않고 음흉한 책략을 꾸미고 있습니다. 이 모두가 일본 정치가인 이토의 계략입니다. 강제로 조약을 맺고 우리 강토를 삼키려는 음모입니다. 빨리 대책을 세우지 않으면 큰 화를 피하기 어려울 것인데, 어찌 아무 방책도 없이 앉아서 죽기를 기다리겠습니까. 그렇지만 이토의 정책에 반대한들 힘이 없으니 부질없이 죽게 될 뿐 아무 소용이 없을 겁니다. 소식을 들으니 청나라 산둥과 상하이 등지에 대한제국 사람들이 많이 살고 있다 합니다. 우리 집안도 모두 그곳으로 옮겨가 살면서 훗날을 도모하는 것이 어떻습니까. 제가 먼저 그곳으로 가서 형세를 살펴본 후에 돌아오겠습니다. 아버지께서는 그동안 비밀스럽게 짐을 꾸려 식구들을 데리고 진남포에 가서 기다리시지요. 제가 돌아오는 날 다시 의논해서 행동하시지요."

이렇게 말씀드리면서 아버지와 함께 계획을 세웠다.

나는 곧 길을 떠났다. 중국 산둥 등지를 돌아보고 상하이에 도착해서 민영익을 찾아갔다. 문지기 하인이 문을 열지도 않고 이렇게 말했다.

"대감은 대한인을 만나지 아니하오."

나는 그냥 돌아왔다가 그 뒤 두세 번 더 찾아갔다. 하지만 민영익은 여전히 만나기를 거절했다.

"대감이 어찌 이럴 수 있습니까? 대한인이 대한 사람을 만나지 않는다면 어느 나라 사람을 만난다는 겁니까? 더욱이 대감은 조선에서 여러 대에 걸쳐 국록을 먹은 신하인데, 어려운 때를 만나 전혀 백성 사랑하는 마음 없이 베개를 높이 베고 편안히 누워 조국의 흥망을 잊고 사니, 세상에 어찌 이 같은 도리가 있겠습니까? 오늘날 나라가 위급해진 것은 그 책임이 대감 같이 벼슬이 높은 자들에게 있습니다. 도대체 무엇이 부끄러워 만나지 않는 것입니까?"

나는 한참 동안 욕을 퍼붓고는 다시 찾지 않았다.

그 후에 서상근이란 사람을 만나 이렇게 물었다.

"지금 나라가 지극히 위태로우니 어찌하면 좋겠습니까. 무슨 좋은 방법이 없겠습니까?"

서상근은 이렇게 대답했다.

"나에게 나랏일을 묻지 마십시오. 나는 한낱 장사치로 수십만 원을 정부 고관에게 빼앗기고 이렇게 몸을 피해서 여기 와 있습니다. 정치가 백성들에게 무슨 상관이 있겠습니까."

"그렇지 않습니다. 공은 하나만 알고 둘은 모르는 셈입니다. 만일 백성이 없다면 나라가 어찌 있겠습니까. 더구나 나라란 고관 몇 명의 나라가 아닙니다. 이천만 백성의 나라입니다. 우리가 백성으로서 의무를 다하지 않고 어찌 권리와 자유를 얻을 수 있겠습니까. 지금은 민족의 세계인데, 우리 민족이 가만히 앉아서 멸망하기를 기다리는 것이 과연 옳겠습니까?"

내가 이렇게 말했지만, 서상근은 전혀 다른 생각이었다.

"공의 말이 그럴듯하지만, 나는 장사치로서 입에 풀칠만 하면 그만이니 다시는 정치 이야기를 하지 마시오."

그 후에도 몇 번 더 서상근과 의논하려 했지만, 그는 전혀 관심이 없었다. 내 말이 소귀에 경 읽기와 마찬가지여서 나는 하늘을 바라보며 한숨만 쉬었다.

'우리나라 사람들이 다 이러하니, 나라의 앞날은 말하지 않아도 알 수 있겠어.'

나는 여관으로 돌아와 이런저런 생각을 하다 보니 비통함을 참을 길이 없었다.

며칠 후, 아침에 천주교당에 가서 기도를 드린 다음 문밖을 바라보고 있는데, 신부 한 분이 지나가다가 나를 보고 놀라며 손을 내밀었다.

"네가 어떻게 여기 있는 것이냐?"

르각 신부였다. 그는 프랑스 사람으로 여러 해 동안 황해도 지방에서 전도했는데, 나와 무척 친한 사이였다. 그는 홍콩을 거쳐 대만으로 갈 것이라고 했다. 르각 신부를 만나다니, 그야말로 꿈만 같았다. 우리는 여관에 들어가 이야기를 나누었다.

"여기에 왜 왔느냐?"

르각 신부가 물었다.

"신부님께서는 지금 대한의 비참한 꼴을 듣지 못했습니까?"

"이미 오래전부터 들어서 알고 있다."

나는 르각 신부에게 차분하게 말했다.

"현실이 이러하니 어떻게 할 도리가 없습니다. 가족과 함께 이곳으로 옮겨와 살면서 여기 있는 동포들과 힘을 합할 생각입니다. 여러 나라 사람들에게 우리의 억울한 상황을 설명하고 동정을 얻은 다음, 기회가 오기를 기다려서 의거를 일으키면, 우리의 목적을 이룰 수 있지 않겠습니까?"

내 말에 르각 신부가 대답했다.

"나는 성직자요 전도사라 정치와 관련이 없지만, 지금 네 말을 들으니 마음이 뭉클하구나. 나도 한 가지 방법이 떠오르는데, 이치에 맞거든 그대로 해보고, 그렇지 않다면 네 뜻대로 해라."

나는 르각 신부의 의견을 듣고 싶어 얼른 말해 달라고 했다.

"네 말은 일리가 있으나 하나만 알고 둘은 생각하지 않는 것이야. 먼저, 가족을 외국으로 옮기는 것은 잘못된 계획이다. 이천만 민족이 모두 너같이 한다면 나라 안은 온통 빌 것 아니냐. 그것은 바로 원수가 바라는 대로 해주는 것이다. 우리 프랑스가 독일과 싸울 때, 알자스와 로렌, 두 지방을 비웠던 것을 너도 알 거야. 지금까지 40년 동안 그 땅을 회복할 기회가 두어 번 있었지만, 그곳에 있던 지도자들이 전부 외국으로 가 버렸기 때문에 목적을 이루지 못했지. 그것을 본보기로 삼아야 해. 게다가 해외에 있는 동포들은 국내에 살고 있는 백성보다 애국심이 강해서, 서로 모의하지 않아도 같이 일할 수 있으니 걱정할 것이 없다.

열강의 여러 나라도 대한의 참상을 알고 있기는 하지만, 그렇다고 대한을 위하여 군사를 일으켜 도와주지는 않을 거야. 제나라 일에 바빠서 남의 나라를 돌봐 줄 겨를이 전혀 없을 테니까. 그러나 뒷날 때가 오면 일본의 불법 행위에 대해 항거할 기회가 있을 것이다. 옛말에 '스스로 돕는 자를 하늘도 돕는다.' 했으니, 어서 국내로 돌아가 네가 할 일을 하거라.

첫째는 교육에 힘쓰는 것이고, 둘째는 경제를 일으키고, 셋째는 민심을 단합하고, 넷째는 실력을 기르는 것이다.

이 네 가지를 확실하게 하여 이천만 동포가 반석과 같이 든든해지면, 천만 문의 대포로도 깨뜨릴 수가 없을 것이다. 힘으로는 한 사람의 마음도 빼앗지 못하는데, 하물며 이천만의 정신을 어찌 빼앗아갈 수 있겠느냐. 그러니 강토를 빼앗긴 것은 형식상일 뿐이고, 조약을 강제로 맺은 것도 종이에 쓴 빈 문서에 불과할 것이다. 내가 말한 네 가지 방법은 만국에서 두루 통하는 방법이라 네게 권한다. 그 후에야 목적을 달성할 수 있을 거야. 잘 헤아려 보아라."

나는 르각 신부의 말에 고개가 저절로 끄덕여졌다.

"신부님 말씀이 옳습니다. 그대로 따르겠습니다."

나는 곧장 고향으로 떠날 준비를 했다.

1905년 12월 상하이에서 진남포로 돌아와 보니, 그동안 가족들이 청계동을 떠나 진남포에 와 있었는데, 아버지께서는 그사이 병세가 위중해져 세상을 떠나셨다. 그래서 청계동에 아버지의 영구를 모셨다고 했다. 아버지는 44세에 세상을 떠나신 것이다. 나는 슬픔을 가눌 길 없어 대성통곡하다 몇 번이나 쓰러졌다.

다음 날 청계동에 가서 아버지 빈소를 차리고, 그해 겨울은 가족과 함께 그곳에서 보내기로 했다. 나는 그때 조국이 독립하는 날까지 술을 끊기로 맹세했다.

러시아 연해주로 가다

1906년 3월, 우리 가족은 청계동을 떠나 진남포로 이사해서 살 집을 한 채 지었다. 집안을 안정시킨 후 남은 재산으로 삼 형제가 마음을 합해 삼흥학교를 세웠다. 나는 교무를 맡아 재주가 뛰어난 청년들을 가르쳤다. 그 후 진남포 성당에서 운영하던 돈의학교도 인수해 교장을 맡았다. 오래전에 뮈텔 주교에게 대학교를 설립하자고 제안했다가 거절당한 후로 꼭 내 힘으로 대학교를 운영하고 싶었는데, 그 일이 이루어진 것이다. 나는 안창호 선생과 이준 선생을 초청해 학생들에게 특별 강연을 듣게 했다.

1907년 봄에 어떤 사람이 찾아왔다. 그의 기상을 보니 풍채가 당당하고 위엄이 있어 마치 도인처럼 보였다. 그는 자신을 김 진사라고 하며, 이렇게 말했다.

"나는 자네 부친이 살아 계실 때 친분이 두터웠네. 그래서 자네를 특별히 찾아온걸세."

"멀리서 저를 찾아오셨으니 좋은 말씀을 해주십시오."

"지금처럼 나라 정세가 위태로운 때에, 자네 같이 기개가 대단한 사람이 어찌 앉아서 죽기를 기다리는가?"

"무슨 계책이라도 있습니까?"

"지금 백두산 뒤 서북간도와 러시아 영토인 블라디보스토크 등에는 대한인 십여만 명이 살고 있네, 물산이 풍부하여 한 번 활동할 만한 곳이 될 것이네. 자네 재주라면 그곳에서 반드시 큰 뜻을 이룰 날이 올 것이네."

나는 얼른 대답했다.

"가르쳐 주시는 대로 꼭 따르겠습니다."

그 무렵 나는 자금을 마련할 계획으로 평양에 가서 석탄을 캤는데, 일본인의 방해로 수천 원이나 손해를 보았다.

일본은 통감부를 설치한 후, 대한제국 정부에 강요하여 교육제도의 개선과 금융기관의 확장 정리, 도로 항만시설의 건설과 보수, 일본인 관리의 고용 등 각종 명목으로 고이율의 차관을 들여오게 해 국채가 큰 폭으로 늘어났다. 이는 일본이 우리나라를 식민지로 만들기 위한 기초 작업의 하나였다. 1905년에는 복잡한 화폐를 정리한다는 명목으로 화폐정리채 300만 원을 일본에서 차입해 들여왔고, 이어 12월에는 화폐 개혁으로 발생한 금융 위기를 해결한다면서 150만 원을 또 차입하여 들였다.

이렇게 계속된 일본의 차관 공세로 2년여 사이에 대한제국 정부는 원금만 1,650만 원에 달하는 빚을 지게 되었고, 해마다 늘어나는 이자 또한 상당했다.

1907년 2월에는 새 화폐로 약 350만 원의 구 화폐를 정리하여 1,300만 원의 빚이 남게 되었다. 이 빚은 당시 대한제국의 국가 재정으로는 갚을 수 없는 고액이었다. 그대로 두면 해마다 고율의 이자가 붙어 전 국토마저 일본에 빼앗길 지경이었다. 이천만 민족이 일본의 노예가 될 상황이 되어 버린 것이다. 그해 온 나라 곳곳에서 일본에 진 빚을 갚기 위한 국채보상운동이 전개되었다.

하루는 회의하는데 일본인 형사가 와서 물었다.

"회원은 몇 명이나 되고, 돈은 얼마나 거두었는가?"

나는 이렇게 대답했다.

"회원은 이천만 명이요, 돈은 1,300만 원을 거둔 다음에 보상하려 한다."

그러자 일본인 형사가 비웃었다.

"미개한 너희가 무슨 일을 할 수 있겠는가?"

내가 말했다.

"빚을 진 사람은 빚을 갚으면 되고, 빚을 준 사람은 빚을 받으면 그만인데, 무슨 악감정이 있어서 그렇게 질투하고 욕을 하는 것이냐."

그러자 그는 화를 내면서 나를 치려고 달려들었다.

"아무 이유 없이 나를 이렇게 모욕하는 걸 보니, 우리 이천만 민족도 앞으로 압제에서 벗어나기 어려울 것이다. 나라의 수치를 이렇게 앉아서 고스란히 받을 수는 없다."

나는 화가 치밀어 일본 사람과 싸웠는데, 곁에 있는 사람들이 말려서 끝내고 헤어졌다.

1907년 일본은 7조약을 강제로 맺은 후, 광무 황제(고종)를 자리에서 끌어내리고 군대를 해산했다. 그러자 온 백성이 격분했다. 곳곳에서 의병들이 벌떼처럼 일어나 삼천리강산에 대포 소리가 크게 울렸다.

나는 급하게 행장을 꾸린 후 가족과 이별하고 북간도로 갔다. 그러나 그곳에도 이미 일본 군인들이 주둔하고 있어 도무지 발붙일 곳이 없었다. 북간도에서 서너 달 동안 돌아다니며 동포들과 의병을 일으키려고 노력했지만, 온갖 일이 여의치 않아 슬픈 눈물을 뿌렸다.

나는 북간도를 떠나 함경북도 종성에서 자고 경원에서 일주일 정도 지냈다. 그 후 훈춘으로 가서 이틀을 머물고, 1907년 10월 20일 연해주 남단의 연추로 들어갔다. 그곳에서 한인이 운영하는 주막에서 자고 포시에트 항구로 가서 기선을 타고 블라디보스토크에 도착하니 한밤중이었다.

나는 블라디보스토크 개척리에 사는 이치권의 집에서 머물게 되었다. 이치권은 내가 잘 아는 충청도 사람으로 10여 년 전에 러시아로 이주해서 살고 있었다. 블라디보스토크 항구에는 대한인 사오천 명이 살았고, 학교와 청년회도 있었다. 나는 계동청년회에 가입했는데, 계동청년회는 스무 살 이상의 한인들로 구성된 항일운동 단체였다.

나는 청년회의 임시사찰에 뽑혔다. 하루는 회의 도중에 어떤 사람이 규칙을 어기고 사담을 하였다. 내가 조용히 하라고 하자, 그가 화를 내며 내 뺨을 몇 대나 때렸다. 나도 달려들었지만 여러 사람이 말리는 바람에 나는 흥분을 가라앉히고 말했다.

"단체는 여러 사람이 힘을 모으는 것이 목적인데, 이렇게 서로 다투면 남의 웃음거리만 될 뿐이다. 옳고 그름을 따지지 말고 서로 화목하는 게 어떤가."

모두 내 말이 맞는다며 따랐다. 그 일로 한인들은 나를 도량이 넓은 사람으로 평가하였다. 하지만 나는 그 일로 귓병을 얻어 몹시 고생했다.

당시 그곳에는 이범윤이라는 분이 살고 있었다. 러일전쟁 전에 북간도 관리사로 임명되어 청나라 군인들과 수없이 교전한 사람이었다. 러일전쟁 때는 러시아 군인들과 힘을 합하여 일본군과 싸웠는데, 러시아가 패전하는 바람에 러시아로 후퇴하여 그곳에서 지내고 있었다.

나는 이범윤을 찾아갔다.

"귀하는 러일전쟁 때 러시아를 도와 일본과 싸웠으나, 그것은 하늘의 뜻을 어긴 것이라 할 수 있습니다. 당시 일본은 동양 평화와 대한의 독립을 세계에 약속하고 러시아와 전쟁을 벌였는데, 이는 하늘의 뜻에 따른 것이므로 일본이 크게 이겼습니다. 만일 귀하께서 다시 의병을 일으켜 일본과 싸운다면, 그것 또한 하늘의 뜻에 따르는 것이라 할 수 있습니다. 그 까닭은 현재 이토 히로부미가 자신의 힘을 믿고 교만하며 극악해져서, 위로는 임금을 속이고 아래로는 백성들을 함부로 죽이며, 이웃 나라와 의를 끊고 세계의 신의를 저버렸기 때문입니다. 그것은 하늘에 맞서는 것입니다. 그러니 어찌 오래 갈 수 있겠습니까. 해가 뜨면 이슬이 사라지고, 달도 차면 반드시 기우는 것이 이치에 맞는다는 말이 있습니다. 귀하는 황제의 큰 은혜를 받으신 분이니, 이같이 나라가 위급한 때 팔짱 끼고 구경만 해서야 되겠습니까. 어서 큰일을 일으켜서 시기를 놓치지 마십시오."

이범윤은 내 말을 듣고 대답했다.

"옳은 말이긴 하지만, 자금이나 무기를 마련할 길이 없으니 난들 어찌하겠는가?"

"조국의 내일을 가늠할 수조차 없는 상황입니다. 팔짱 끼고 기다리기만 한다면 자금과 무기가 어디 하늘에서 떨어져 내려옵니까? 하늘에 순응하며 굳은 뜻을 세운다면 무슨 어려움이 있겠습니까. 귀하께서 의거를 일으키겠다는 결심만 하신다면, 제가 비록 재주는 없지만 만분의 일이라도 힘이 되겠습니다."

이범윤은 내가 그렇게 말했는데도 머뭇거렸다.

그곳에 훌륭한 인물 두 사람이 있었는데, 엄인섭과 김기룡이었다. 두 사람은 생각이 곧고 의협심이 뛰어났다. 나는 그들과 의형제를 맺었는데, 엄인섭은 큰 형이 되었고, 내가 그다음, 김기룡이 셋째가 되어 서로 정이 두터워졌다.

깨어라, 동포들이여!

연추에는 한인들이 존경하는 재력가가 있었다. 바로 최재형이었다. 최재형은 얀치헤의 도헌으로, 그곳에 사는 한인들 집집마다 그의 초상화가 걸려 있을 정도로 존경을 받았다. 그가 한인들을 돌보며 많은 도움을 베풀었기 때문이다. 최재형은 함경도가 고향이며 노비 출신이었지만, 러시아에 귀화하여 러시아의 유력자들과 교류하며 지냈고, 신망이 두터운 사람이었다. 당시 최재형은 군납업으로 상당한 돈을 벌어 저택에서 살고 있었다.

최재형은 나라가 위태로운 것을 보고 항일 독립운동에 뜻을 두고 있었다. 나는 그를 만나 나와 뜻이 같음을 확인했다. 나는 최재형과 함께 동포들이 사는 곳곳을 돌며 나라의 독립을 위해 분연히 일어설 것을 호소하고 다녔다.

동포들이여, 내 말을 들어보십시오.
만약 어떤 사람이 부모형제와 작별하고 다른 곳에서 산 지 10여 년인데, 그동안 성공하여 가산이 넉넉해지고 아내를 얻고 자식들도 생기고 벗들과 친하여 걱정 없이 살게 되었습니다. 그러다 보니 고향 집 부모와 형제를 잊어버리는 경우가 많았습니다.
그러다 어느 날, 고향 집 형제 중 하나가 이런 소식을 전합니다.
"고향 집에 큰 화가 생겼다. 강도가 들어 부모를 내쫓고 형제를 죽이고 재산을 약탈하니 어쩌면 좋겠어?"
그때 그 사람이 이렇게 대답했다고 칩시다.
"내가 여기서 걱정 없이 편안하게 사는데, 고향 집 부모형제가 나와 무슨 상관이 있어?"
여러분은 이렇게 대답한 사람을 사람이라 하겠습니까, 짐승이라 하겠습니까.
곁에서 그를 지켜보던 사람들도 '저 사람은 부모형제도 모르는 사람이니 어찌 친구라 할 수 있겠어.' 하고는 친구의 의도 끊어지고 말

것입니다. 친척도 멀리하고 친구도 끊어진 사람이 무슨 면목으로 세상에 살 수 있겠습니까.

동포들이여! 내 말을 들어보십시오.

지금 우리나라의 참상을 여러분은 알고 계십니까, 아니면 모르십니까.

일본은 러시아와 전쟁을 일으키면서, 동양의 평화를 유지하고 대한의 독립을 보장하겠다고 했습니다. 하지만 지금, 이처럼 중대한 약속은 지키지 않고 도리어 대한을 침략하여 5조약과 7조약을 강제로 맺었습니다.

일본은 우리의 국권을 손아귀에 쥐더니 황제를 물러나게 하고 군대를 해산하였습니다. 철도, 광산, 산림, 하천과 저수지 등 빼앗지 않은 것이 없고, 관청과 사람들이 살던 큰 집들도 모두 병참이라는 핑계로 모조리 빼앗았습니다. 기름진 논과 밭, 조상의 산소들에도 군용지 푯말을 꽂고는 무덤을 파헤쳤습니다. 조상의 백골에까지 일본의 화가 미치고 있으니 백성의 한 사람으로서 또 자손으로서 어느 누가 분함을 참고 욕됨을 견딜 수 있겠습니까. 이러하니 이천만 민족이 모두 일어났고, 삼천리강산 곳곳에서 의병들이 싸우고 있습니다.

아! 슬픕니다.

저 강도들이 도리어 우리를 폭도라고 부르면서 군사를 풀어 토벌하고 참혹하게 죽여, 지난 두 해 동안 피해를 본 대한인들이 수십만 명이나 됩니다. 강토를 빼앗고 사람을 죽인 자가 폭도입니까, 제 나라를 지키고 외적을 막는 사람이 폭도입니까. 그야말로 도둑놈이 몽둥이를 들고 나서는 꼴입니다.

한반도의 원흉은 바로 일본의 늙은 도둑 이토 히로부미입니다. 우리 민족 이천만이 스스로 일본에 보호받기를 원한다 하고, 그래서 우리나라가 태평하고 평화로우며 날마다 발전하는 것처럼 선전하고 있습니다. 위로는 천황을 속이고 밖으로는 열강들의 눈과 귀를 가린 채 제 마음대로 농간을 부리며 못 하는 일이 없으니 이 어찌 원통하고 분한 일이 아니겠습니까. 우리 민족이 이 도둑놈을 죽이지 않는다면, 대한은 곧 없어지고 말 것이며 동양 전체도 반드시 망할 것입니다.

여러분! 깊이 생각하십시오.

여러분은 조국을 잊었습니까, 아닙니까?

선조의 백골을 잊었습니까, 아닙니까?

친척과 일가들을 잊었습니까, 아닙니까?

만일 잊지 않았다면 이같이 위급하고 죽느냐 사느냐 하는 때에는 깨닫고 떨쳐 일어나야 합니다. 뿌리 없는 사람이 어디서 나오고, 나라 없는 백성이 어디서 살겠습니까.

만일 여러분이 외국에 산다며 조국을 잊고 돌보지 않는 것을 러시아 사람들이 안다면 '대한 사람들은 조국도 모르고 동족도 모르니, 어찌 외국을 도울 리 있으며 다른 종족을 사랑할 리가 있겠는가. 이같이 무익한 민족은 쓸데가 없다.' 하고 여론이 들끓어 멀지 않아 국경 밖으로 쫓겨날 것이 뻔합니다. 조국의 강토를 이미 외적에게 빼앗기고 외국인마저 우리를 배척하고 받아주지 않는다면, 우리는 늙은이를 업고 어린 것들을 데리고 앞으로 어디 가서 살아야 합니까.

여러분! 폴란드 사람들이 당한 참상이나 헤이룽 강에 살던 청나라 사람들의 참상을 듣지 못했습니까. 만일 나라 잃은 백성이 강국의 백성과 동등하게 대우받을 수 있다면 나라 잃은 것을 왜 걱정하겠습니까, 또 강국이라고 좋을 것이 무엇이겠습니까. 어느 나라를 막론하고 나라가 망한 민족은 참혹하게 죽고 학대받는 것을 피할 수 없습니다.

그러므로 우리 대한인은 이런 위급한 때를 당하여 무슨 일을 하는 것이 좋겠습니까. 결국 의거를 일으켜 적을 치는 일 밖에는 다른 방법이 없습니다.

지금 13도 강산에는 의병이 일어나지 않는 곳이 없습니다. 하지만 의병이 패하는 날에는 도둑놈들이 의병들을 폭도란 이름으로 죽이고 집집에 불을 지를 것이니, 그런 후엔 우리 민족이 무슨 면목으로 세상에 나설 수 있겠습니까.

그러니 오늘, 남녀노소 할 것 없이 총을 메고 칼을 잡아 일제히 의거를 일으켜야 합니다. 이기고 지는 것과 잘 싸우고 못 싸우고를 돌아볼 것 없이 통쾌한 싸움을 한바탕 벌여, 후세에 부끄러움을 남기지 말아야 할 것입니다. 이같이 싸우면 세계열강도 지원할 것이고, 독립할 수 있는 희망도 있을 것입니다.

일본은 5년 이내에 반드시 러시아와 청나라, 미국 등 세 나라와 전쟁을 벌일 것이니, 그것이 큰 기회가 될 것입니다. 그때 우리가 아무런 준비를 하지 않고 있다면, 설사 일본이 패하여도 우리 대한은 다시 다른 나라의 손안에 들어갈 것입니다.

오늘 우리는 의병을 일으켜 큰 기회를 잃지 말아야 할 것이요, 스스로 힘을 길러 국권을 회복해야만 독립할 수 있습니다. 그야말로 '스스로 할 수 없다는 생각은 망하는 근본이요, 스스로 할 수 있다는 것은 만사가 잘되는 근본'이라는 말 그대로입니다. 그러므로 '스스로 돕는 자를 하늘이 돕는다.'라는 것이니 여러분에게 묻습니다.

앉아서 죽기를 기다리는 것이 옳습니까, 분발하고 힘을 내는 것이 옳습니까.

우리 모두 결심하고 각성하여 용감하게 싸웁시다.

내 연설을 들은 동포들은 자원해서 전투에도 나가고, 무기도 내고, 자금을 내어 돕기도 했다. 그것으로 의병 활동의 기초를 다질 수 있었다. 나는 의병 활동에 뜻을 같이하는 사람들을 최재형 도헌에게 소개하여 지원받게 했다.

1908년 봄, 최재형 도헌의 집에서 회의를 열고 드디어 항일 의병 단체인 동의회를 조직하였다.

동의회를 결성하는 날 수백 명이 참석했다. 최재형 도헌이 총장으로 선출되었고, 부총장은 간도 관리사였던 이범윤, 회장은 러시아 공사 이범진의 아들인 이위종, 부회장은 엄인섭, 서기는 백규삼이 뽑혔고, 나는 평의원으로 의병부대의 우영장이 되었다.

최재형은 동의회를 조직한 후, 대한국 의군을 창설해 군사들이 무기를 가질 수 있도록 재정 지원을 도맡았다. 자신의 많은 재산과 인맥을 동원하여 러일전쟁에서 러시아 군대가 사용했던 총들을 싼값에 사들여 대한국 의군이 무장할 수 있게 했다.

최재형은 〈해조신문〉에 동의회 취지문을 실었다.

나라의 독립을 이루고자 할 때는 몸과 마음을 바쳐 단체를 조직하고 의로운 기운을 널리 알려야 한다. 그다음 교육으로 민족의식을 높이고 지식을 밝히며 실력을 길러 한마음으로 동맹해야 한다. 총알을 피하지 말고 앞으로 나아가고, 붉은 피로 독립기를 크게 쓰며, 마음을 모으고 힘을 합하기로 이 밝은 날에 증명하노니, 아 슬프구나, 동지 여러분이여!

그러나 이범윤의 불만으로 동의회는 내부에서 갈등이 생겨났다. 최재형파와 이범윤파로 갈라진 것이다. 이범윤이 대한제국 황제의 친족임을 내세우며 노비 출신인 최재형을 은근히 무시한 것이 발단이 되었다. 결국 최재형을 중심으로 한 동의군과 이범윤의 세력이 중심이 된 창의군으로 나뉘었다. 나는 최재형파의 동의회 의군 우영장으로 의병을 이끌었다.

두 파의 갈등이 심해지면서, 이범윤파는 심지어 동의회 소속의 무기보관소를 습격하여 총 83정을 약탈해 갔다. 그러고는 도리어 최재형파에서 모반을 꾀했다고 공격했다. 나는 남의 나라에 와서 의병운동을 하면서까지 신분 차이로 분열되어 민족끼리 싸우는 모습을 더는 지켜볼 수가 없었다. 이범윤이 황제의 인척이며 양반 출신이라는 것 때문에, 노비 출신인 최재형을 얕보고 업신여기는 것은 의로운 일이 아니었다.

최재형은 대한국 의군을 창설한 후 자신의 모든 재산을 털어 무기를 구입한 후 의병들에게 제공하였을 뿐만 아니라 의병들을 먹이고 입히고 있었다. 또한 러시아에 사는 한인들을 가족처럼 따뜻하게 보살피고 있었다. 모든 한인이 존경하는 인물인 최재형에 대해 출신 성분을 들먹이며 시기하고 질시하며, 동포끼리 싸우는 것은 있을 수 없는 일이었다.

나는 〈해조신문〉에 '인심결합론'이란 글을 발표했다.

인심결합론

무릇 사람이 만물보다 귀한 이유는 다른 것이 아니라 삼강오륜을 알기 때문이다. 그러므로 사람이 세상에서 어려운 일을 만나면 첫째는 몸을 닦고, 둘째는 집을 정돈하고, 셋째는 나라를 보호해야 한다. 사람은 몸과 마음을 서로 합하여 생명을 보호하고, 집은 부모와 아내와 자식이 있어 유지되고, 나라는 백성 모두의 단결로 보존되는 것이다.

하지만, 슬프다. 오늘날 우리나라가 이처럼 참담한 지경이 된 까닭은 다른 데 원인이 있는 것이 아니라 서로 화합하지 못했기 때문이다.

이렇게 화합하지 못하는 병의 원인은 교만이다. 수많은 해악이 교만 때문에 생긴다. 교만한 무리는 자기보다 나은 자를 시기하고, 자기보다 약한 자를 업신여기며, 자기와 동등한 사람과는 서로 다투며 아랫사람이 되지 않으려 하니, 어떻게 서로 마음을 합할 수 있겠는가.

교만을 바로잡는 것은 겸손이다. 사람이 만일 겸손하여 자기를 낮추고 남을 공경하여 남이 자기를 꾸짖는 것을 달게 받으며 자기가 남을 꾸짖는 것은 너그러이 하고 자기 공을 남에게 양보한다면, 사람은 짐승이 아니니 서로 불화할 리가 없을 것이다.

옛날에 어느 나라 임금이 죽으면서 자식들에게 경계의 말을 남겼다.

"만일 내가 죽은 뒤에 너희가 형제끼리 마음을 합하지 못하면 쉽게 남에게 꺾일 것이다. 하지만 마음을 합한다면 남들이 너희를 결코 꺾을 수 없을 것이다."

내 나라 산과 강을 바라보니, 동포들이 원통하게 죽고 죄 없는 조상의 백골마저 깨뜨리는 소리를 차마 듣지 못하겠다.

깨어라, 연해주에 계신 동포들이여!

내 나라의 이 소식을 듣지 못했는가. 우리 가족과 친척이 모두 대한 땅에 있고, 우리 조상의 분묘도 모국 산하에 있지 않은가. 뿌리가 마르면 가지와 잎사귀도 마르는 법, 같은 조상의 피를 나눈 내 민족이 이미 굴욕을 당했으니, 앞으로 내 몸은 어떻게 되겠는가.

우리 동포들아! 모두 '불화' 두 자를 깨뜨리고 '결합' 두 자를 굳게 지켜 자녀를 교육하자. 청년 자제들은 죽기를 결심하고 어서 우리 국권을 회복하자. 그다음 태극기를 높이 들고 독립관에 모두 모여 한마음 한뜻으로 육대주가 진동하도록 대한 독립 만세를 부를 것을 약속하자.

나는 《안응칠 역사》를 쓰면서 대한국 의군의 창설이나 활동에 관한 부분은 혼자서 회상만 하였고, 실제로는 전혀 기록하지 않기로 했다. 혹시라도 내가 쓴 글 때문에 블라디보스토크에 본부를 둔 대한국 독립단체인 동의회에 화가 미치면 안 되었다.

한동안 잠잠하던 사카이 경시가 다시 나를 심문했다. 나는 사카이의 심문을 받을 때마다, 이토 히로부미의 잘못을 조목조목 따지면서, 이토가 한국인을 속였다고 반박했다. 사카이 경시는 여전히 말끝마다 찬바람이 쌩쌩 불 정도로 쌀쌀하게 나를 대했다. 나는 사카이의 속내를 헤아려 보았다.

'이것은 분명히 굽은 것을 곧다 하고 곧은 것을 굽었다고 하려는 짓이다. 무릇 법이란 거울처럼 맑아 터럭 하나 보여서도 안 되지. 더구나 내가 한 일은 잘잘못이 명백한데, 무엇을 감추고 무엇을 속일 수 있을까. 현명한 사람과 어리석은 사람 가릴 것 없이, 세상의 인심은 옳고 아름다운 일은 밖으로 자랑하고 싶고, 악하고 궂은 일은 숨기고 꺼린다. 그런 이치로 미루어 보면, 이들이 숨기려는 짓을 짐작할 수 있겠다.'

사카이와는 달리 지바 도시치는 언제나 나에게 예의 바르게 대했다. 목례를 할 때도 어찌나 절도가 있고 공손한지, 눈길이나 행동에서 나를 존경하는 진심이 느껴졌다.

나는 사카이 경시의 싸늘한 태도에 일부러 상대해 주지 않았다. 그 때문인지 사카이 경시는 거의 한 달이 다 되도록 나를 찾지 않았다. 나는 중단했던 《안응칠 역사》를 이어서 써 내려갔다.

항일 독립 투쟁

나는 대한국 의군 참모중장으로 의병들과 함께 비밀스럽게 무기들을 마련하고 수송하여, 두만강 근처에서 의병 투쟁을 하였다. 일본군과 싸운 세 번에 걸친 국내 진공작전 중 두 번은 우리 의병이 크게 승리했다. 그런데 세 번째 전투는 우리 뜻대로 되지 않았다. 나는 의병들을 모아서 다짐했다.

"지금 우리 군사는 이삼백 명밖에 안 된다. 적은 강하고 우리는 약하니 적을 가벼이 여기면 안 된다. 병법에는 '아무리 다급해도 반드시 철저한 대책을 세운 후에 큰일을 꾀하여야 한다.'라고 쓰여 있다. 한번 의거로 성공할 수 없는 것도 당연하다. 그러니 한 번에 이루지 못하면 두 번, 세 번, 열 번을 하고, 백 번 꺾여도 굴하지 말자. 올해 이루지 못하면, 내년에 다시 하고, 10년, 100년까지 가도 좋다. 만일 우리 대에서 목적을 이루지 못하면, 아들 대, 손자 대에 가서라도 반드시 대한의 독립을 회복해야 한다. 미리미리 준비하여 잘 된다면 반드시 목적을 달성할 수 있을 것이다. 오늘 나온 군사들이 비록 몸이 약하고 나이 많은 이들이라도 상관없다. 우리의 다음 세대 청년들은 사람을 조직하고 민심을 단합하며, 청장년을 교육하고 산업에도 힘써 실력을 길러 큰일을 이룰 것이다. 내 말이 맞지 않는가?"

하지만 내 말에 동의하지 않는 사람이 많았다. 권력과 재산을 가진 사람들과 주먹 센 사람들, 그리고 관직이 높거나 나이 많은 사람을 높이 여겼기 때문이다. 아무것도 가진 것이 없는 나를 따르려는 사람이 별로 없었다. 마음이 불편하여 물러나고 싶은 생각도 있었으나, 이미 내친걸음이라 어찌할 도리가 없었다. 나는 더욱더 노력했다.

1908년 6월, 의병들과 함께 두만강을 건넜다. 낮에는 숨어 있고 밤에는 걸어서 함경북도에 이르러 일본군과 몇 차례 충돌했다. 일본군과 의병 양쪽 모두 죽거나 다친 병사들이 있었고, 사로잡힌 자도 있었다. 나는 사로잡은 일본 군인과 장사꾼들에게 물었다.

"너희는 모두 일본국 신민이다. 그런데 어찌하여 천황의 뜻을 받들지 않는 것인가. 천황은 러일전쟁을 시작할 때, 동양 평화와 대한 독립을 보장한다고 분명히 말했다. 그래 놓고 이제 와서 한국을 침략하니, 이것이 역적 강도 짓이 아니고 무엇이냐?"

일본인들이 눈물을 흘리며 대답했다.

"그것은 우리의 본마음이 아닙니다. 마지못해 싸운 것입니다. 사람이 세상에 나오면 살기를 원하고 죽기를 싫어하는 것이 당연하지 않습니까. 만 리 바깥 싸움터에서 우리를 주인 없는 원혼이 되게 만드는 것은 이토 히로부미의 죄입니다. 천황의 뜻을 받지 않고 제 마음대로 권세를 주물러서 귀중한 생명을 무수히 죽이면서, 이토 자신은 편안히 누워 복을 누리고 있습니다. 우리가 분개한들 어찌할 수 없어서 이 지경에 이르렀습니다. 그러나 훗날 역사의 판단이 어찌 없겠습니까. 우리는 농사짓고 장사하던 국민일 뿐입니다. 나라가 어지럽고 국민은 고달프니, 평화 없이 일본이 편안하기를 어찌 바랍니까. 우리가 비록 죽을 수밖에 없지만 안타깝기 그지없습니다."

나는 그들에게 말했다.

"너희 말을 들어보니, 너희는 충성스럽고 의로운 사람들이구나. 내가 너희를 풀어 줄 것이니, 돌아가거든 나쁜 우두머리는 쓸어 버리거라. 까닭 없이 이웃 나라와 계속 전쟁을 일으키고 여론을 그릇되게 이끄는 사악한 무리를 없앤다면, 10년 안에 동양 평화를 이룰 수 있을 것이다. 너희가 그렇게 할 수 있겠는가?"

내 말에 그들은 기뻐하며 그렇게 하겠다고 해서 풀어 주었다. 그러자 그들은 이렇게 물었다.

"우리가 총을 안 가지고 돌아가면 벌을 받게 될 텐데, 어떻게 해야 할까요?"

나는 총도 돌려주었다.

"너희는 얼른 돌아가거라. 이후에도 사로잡혔던 이야기는 결코 입 밖에 내지 말고. 조심해서 큰일을 해내거라."

그러자 우리 군사들이 불평했다.

"어째서 사로잡은 적을 놓아주는 겁니까?"

나는 불평하는 군사들에게 말했다.

"현재 만국공법은 사로잡은 적병을 죽이지 못하게 한다. 포로는 가두었다가 뒷날 배상을 받고 돌려보내게 되어 있다. 더구나 그들의 말이 진정에서 나오는 의로운 말이니, 놓아주지 않고 어쩌겠는가."

내 말에 여러 사람이 반문했다.

"적들은 우리 의병을 사로잡으면 살려두지 않고 참혹하게 죽이고 있습니다. 우리 역시 적을 죽일 목적으로 이곳에 와서 풍찬노숙하면서 싸우고 있지 않습니까. 그런데 애써 사로잡은 놈들을 몽땅 놓아보낸다면, 우리가 무엇 때문에 싸우는 것입니까?"

나는 차분하게 대답했다.

"그렇지 않다. 적들이 하는 나쁜 짓은 하느님과 사람을 함께 노하게 하는 것이다. 우리마저 야만스러운 행동을 해야 하는가. 일본의 사천만 인구를 모두 다 죽인 다음 국권을 회복하려는 것인가. 적을 알고 나를 알면 백 번 싸워도 백 번 이긴다. 지금 우리는 약하고 저들은 강하니 무조건 싸울 수 없다. 충성스러운 행동과 의로운 거사로 이토 히로부미의 포악한 계략을 세계에 널리 알려 열강의 동정을 얻어야 한다. 그래야 우리의 한을 풀고 국권을 회복할 수 있을 것이다. 그것이 이른바 약한 것으로 강한 것을 물리치고, 어진 것으로 악한 것을 대적한다는 뜻이다. 너희가 더는 반대하지 않기 바란다."

그러나 내 의견에 따르지 않는 자도 여럿 있었고, 장교 중에는 부대를 떠나 멀리 가 버린 사람도 있었다.

그 후 일본군이 습격해 와서 네다섯 시간을 싸웠다. 날은 저물고 폭우가 쏟아져서 아주 가까운 거리도 잘 보이지 않았다. 의병들이 이리저리 흩어지게 되어 얼마나 죽고 살았는지도 가늠하기 어려웠다. 하지만 어쩔 수 없는 형세이어서 나와 수십 명의 군사가 숲 속에서 밤을 보냈다.

이튿날 6, 70명의 의병을 다시 만나게 되어 어찌 밤을 지새웠는지 물었다. 다들 여기저기 흩어져 숨어 있었다고 했다. 대부분 이틀이나 먹지 못한 데다 그 지경을 당한 걸 보니, 창자가 끊어지고 간담이 찢어지는 것 같았다. 하지만 어찌할 도리가 없었다. 의병들의 마음을 달랜 후 마을로 들어가 보리밥을 얻어먹고 굶주림과 추위를 조금 피할 수 있었다.

그런데 내 말을 듣지도 않고 질서도 지키지 않는 자가 많아, 이 상태로는 전쟁의 신이라 일컫는 손자나 제갈공명이 되살아나도 어찌할 수 없을 것 같았다.

흩어진 무리들을 계속해서 찾다가 숨어 있던 일본군에게 다시 공격을 받게 되었다. 그 공격으로 남은 사람들마저 뿔뿔이 흩어져 다시는 만날 수가 없었다. 나는 간신히 산 위로 피했다.

'나는 참으로 어리석구나! 이런 무리를 데리고 무슨 일을 할 수 있을까. 누구를 탓하고 누구를 원망하겠는가.'

나는 스스로 한심스러웠지만 다시 용기를 내어 산을 내려가 사방을 살펴보았다. 겨우 세 사람을 찾을 수 있었다. 그들에게 어떻게 하면 좋겠냐 물었더니, 모두 의견이 달랐다. 한 사람은 목숨이 붙어 있는 한 힘껏 살겠다고 했다. 다른 사람은 스스로 목숨을 끊고 싶다고 했다. 또 한 사람은 일본군에게 투항하겠다고 했다. 나는 여러 생각을 하다가 갑자기 시가 떠올라 한 수를 동지들에게 읊어 주었다.

사나이 뜻을 품고 나라 밖에 나왔다가
큰일을 못 이루니 몸 두기 어려워라
바라건대 동포들아 죽기를 맹세하고
세상에 의리 없는 귀신은 되지 말자

시를 읊은 후 의병들에게 말했다.

"그렇다면 각자 원하는 대로 하시오. 나는 산 아래로 내려가서 일본군과 여한이 없도록 한바탕 싸우고, 대한 이천만 중 한 사람으로서 의무를 다한 다음에 죽겠소."

나는 비장하게 말을 마치고 총을 들고 일어섰다. 한 사람이 뒤에서 나를 붙들고 통곡하며 말했다.

"당신의 생각은 크게 잘못되었습니다. 지금 한 개인의 의무만 생각하고, 수많은 생명과 뒷날의 큰 과업은 생각지 않겠다는 것입니까. 오늘 혼자서 싸우다 죽는 것은 아무 의미가 없습니다. 천금같이 소중한 몸인데, 어째서 아무 쓸모 없이 버리려는 것입니까. 다시 강동으로 건너가서 기회를 기다려 큰일을 하는 것이 당연한 이치입니다. 왜 더 깊이 생각해 보지 않는 겁니까?"

그의 말이 내 가슴을 울렸다.

"그대의 말이 참으로 옳습니다. 옛날 초패왕 항우가 오강에서 자결한 이유는 두 가지 뜻이 있었지요. 하나는 무슨 면목으로 다시 강동의 어른들을 만날 수 있겠느냐는 것이고, 다른 이유는 비록 강동은 작지만 충분히 강동의 왕이 될 만하다는 말에 천하 영웅으로서 분하고 화가 났기 때문입니다. 항우가 죽고 나니, 천하에 다시는 항우가 없어 안타까웠습니다. 오늘 안응칠이 한 번 죽으면 세상에 다시는 안응칠이 없을 것은 분명합니다. 무릇 영웅이란 얼마든지 굽히기도 하고, 얼마든지 버티기도 하는 것이니, 우리의 목적을 이루기 위해 마땅히 그대의 말을 따르겠습니다."

네 사람이 다시 일어나 함께 길을 찾아 나섰는데, 의병 서너 사람을 더 만났다. 우리는 서로 의논했다.

"우리가 대낮에 적진을 뚫고 가는 건 어려울 테니 밤에 움직이는 게 좋겠습니다."

그날 밤 장맛비가 퍼부었다. 지척을 분간하기가 어려웠다. 우리는 길을 잃고 서로 흩어지게 되어 세 사람만 남게 되었다. 구름과 안개가 자욱해서 어디가 어딘지 도무지 알 수가 없었다. 깊은 산골이라 인가도 전혀 없어 닷새가 지나도록 끼니도 이을 수가 없었다. 배도 고프고 신발도 다 해지고 추위에 떠느라 고생이 말이 아니었다. 너무 배가 고파 풀뿌리를 캐어 먹고 담요를 찢어 발을 싸매고 서로 의지하며 걸었다. 그런데 멀리서 개 짖는 소리가 들렸다.

"내가 먼저 마을로 가서 밥을 얻고 길도 알아볼 테니, 숲 속에서 내가 돌아올 때까지 기다리십시오."

산에서 내려가자 일본군 초소가 보였다. 일본군이 횃불을 들고 문으로 나오는 것을 보고 나는 재빨리 산으로 되돌아와 사람들을 데리고 도망쳤다. 그때 온몸의 힘이 빠지고 머리가 어지러워 땅에 쓰러졌다가 간신히 정신을 차렸다. 나는 하늘을 향해 죽게 되면 빨리 죽게 해 주고 살게 하려면 빨리 살려달라고 간절히 기도했다. 우리는 냇물을 찾아 물로 배를 채우고 나무 아래 누워서 밤을 보냈다.

다음 날, 두 사람이 너무 괴로워하는 것을 보고 내가 말했다.

"너무 걱정하지 마십시오. 사람의 목숨은 하늘에 매인 것이니 걱정할 것이 없습니다. 사람은 어려움에 부닥쳐 곤란을 겪은 다음에야 큰 일을 이루지요. 죽음을 각오해야 살아납니다. 지금처럼 낙심한다고 해서 무슨 도움이 되겠습니까. 하늘에 맡기고 기다려 봅시다."

나는 말로는 큰소리를 쳤으나, 나 또한 어찌할 방법이 없어 스스로 생각하며 다짐했다.

'미국 독립의 주인공 워싱턴은 7, 8년 동안 세상의 모진 풍파 속에서 그 많은 고난을 어떻게 참고 견디었을까. 정말 만고에 둘도 없는 영웅이다. 내가 만일 원하는 일을 이룬다면, 꼭 미국에 가서 워싱턴을 추모하고 뜻을 기념하겠다.'

그날 우리 세 사람은 죽고 사는 것에 개의치 않고 대낮에도 인가를 찾아다녔다. 다행히 한 집을 찾아 주인에게 밥을 달라고 부탁했다. 주인이 조밥 한 그릇을 내주며 말했다.

"머뭇거리지 말고 어서 떠나시오. 어서 서두르시오. 어제 아랫마을에 일본군이 와서 죄 없는 양민들을 다섯 사람이나 묶어서 데려갔습니다. 의병들에게 밥을 주었다는 이유로 모두 총을 쏘아 죽였습니다. 우리집에도 찾아와 뒤지니 나를 꾸짖지 말고 어서 가십시오."

집주인의 말에 우리는 밥을 갖고 급히 산으로 올라와 나눠 먹었다. 굶은 지 엿새 만에 먹는 밥맛은 세상에서 제일 맛있는 밥 같았다. 마치 천상에서 신선이 먹는 밥맛이 그처럼 맛있을 듯했다.

다시 산을 넘고 내를 건너며 방향도 모른 채 헤매면서, 낮에는 숨어 있다가 밤에만 길을 걸었다. 장맛비가 계속되어 우리는 말도 못하게 고생했다.

며칠 후 다른 집을 찾았다. 주인은 우리를 보자마자 이렇게 말했다.

"너희는 분명히 러시아에 귀화한 자들 같으니, 잡아서 일본군에게 보내야겠다."

그는 패거리들을 불러와 우리를 몽둥이로 때리며 밧줄로 묶으려 했다. 우리는 어쩔 수 없이 도망치다가 좁은 길목에서 일본군을 만났다. 일본군이 내게 총을 쏘았으나 다행히 맞지 않았다. 산 속 깊숙이 피해 들어가 다시는 큰길로 나가지 못했다. 우리는 며칠 동안 밥을 한 톨도 먹지 못해 기력이 거의 없었다. 나는 두 사람에게 말했다.

"두 형은 내 말을 믿고 들으세요. 세상 천지간의 큰 임금이요, 아버지인 천주님을 믿지 않으면 우리는 짐승만도 못한 존재입니다. 더구나 오늘 우리는 죽음에서 벗어나기 어렵게 되었으니, 천주와 예수의 진리를 믿어 영생을 얻는 것이 어떻겠습니까. 옛글에도 아침에 도를 얻으면 저녁에 죽어도 여한이 없다 했습니다. 그러니 전날의 허물을 회개하고 천주님을 믿어 구원받는 것이 어떻겠습니까."

나는 두 사람에게 천주가 만물을 창조하신 일과 지극히 공평하고 의롭고 선악을 구별하는 도리와, 예수 그리스도가 세상에 내려와서 사람을 구원한 일들을 낱낱이 설명했다. 두 사람은 내 말을 듣고 천주를 믿겠다고 하여, 교회의 교칙에 따라 대세를 주고 예를 마쳤다.

깊은 산 속 외진 곳이었지만, 다행히 집 한 채가 있어 문을 두드리니 노인이 나와 안으로 들어오라 했다. 인사를 마치고 밥을 달라 했더니, 음식을 상 가득히 차려냈다. 허겁지겁 배부르게 먹고 나서 정신을 차리고 생각해보니, 지난 열이틀 동안 단 두 끼만 먹고 목숨을 건져 여기까지 온 것이었다.

주인에게 크게 감사하면서 우리가 겪은 고초를 얘기했더니 노인이 말했다.

"이렇게 나라가 위급한 때에는 그 같은 고난은 백성의 의무이지요. 좋은 일이 다 하면 슬픔이 오고, 쓴맛이 끝나면 단맛이 온다는 말이 있지 않습니까. 그러니 걱정하지 마십시오. 일본군들이 곳곳을 뒤지고 있어 길을 찾기가 어려울 테니, 내가 알려주는 대로 가시오."

노인은 어디로 해서 어디로 가면 쉽게 갈 수 있는지 알려주었다. 그러면서 두만강이 멀지 않으니 얼른 건너가 뒷날 좋은 기회를 만나 큰일을 하라고 했다. 나는 노인의 이름을 물었다.

"깊이 물을 것 없소이다."

노인이 웃으며 대답했다. 우리는 노인에게 감사한 후 작별하고, 노인의 말대로 길을 잡았다. 며칠 후 우리는 두만강을 무사히 건넜다. 마을에 이르러 우리가 입은 옷을 보니 이가 득실득실한 데다 거의 다 썩어서 몸이 드러날 정도였다. 무려 한 달 반을 노숙하면서 장맛비까지 맞았으니, 얼마나 고생했는지는 이루 다 적을 수가 없다.

러시아 영토인 연추에 도착했을 때, 친구들은 우리를 알아보지도 못했다. 너무 말라서 옛 모습을 찾을 수 없기 때문이었다. 천 번 만

번 생각해 보아도 하늘의 도움이 아니었다면 살아 돌아올 수 없었을 것이다.

우리는 십여 일을 쉬고 나서 블라디보스토크로 갔다. 그곳 동포들이 환영 잔치를 준비하여 우리를 초청했다. 나는 패한 장수가 무슨 면목으로 환영받느냐며 끝까지 사양했다. 그러자 여러 사람이 한번 이기고 한번 지는 것은 군인이면 늘 있는 일이니 무엇이 부끄러우냐며, 어려운 고비를 헤치고 살아 돌아왔으니 당연히 환영해야 한다고 우리를 위로했다.

나는 그 후 하바롭스크로 가서 기선을 타고 헤이룽 강 상류까지 수천 리를 여행했다. 한인 유지들의 집을 방문하고, 수찬 지방에서는 교육에 힘쓰며 모임을 조직했다.

한인 마을을 찾아다니며, 어느 산골짜기 외딴곳에 이르렀을 때였다. 갑자기 흉악한 자들 예닐곱이 뛰어나와 나를 잡아 묶으며 외쳤다.

"의병대장을 잡았다!"

나와 함께 다니던 두 사람이 재빨리 도망쳤다.

"너는 어째서 정부에서 금하는 의병활동을 하는가?"

그들이 나에게 물었다.

"지금 우리 대한 정부는 형식적으로는 있는 것 같지만, 실은 이토 히로부미 한 개인의 정부다. 그러므로 정부 명령에 복종하는 것이 사실은 이토 히로부미에게 복종하는 것과 같다."

내가 이렇게 대답했더니, 그들은 나를 죽여야 한다며 수건으로 내 목덜미를 묶어 바닥에 쓰러뜨리고 마구 때렸다. 나는 큰 소리로 그들을 꾸짖었다.

"너희가 여기서 나를 죽이면 무사할 것 같으냐. 나와 함께 왔던 두 사람이 여기를 빠져나갔으니, 바로 우리 동지들에게 알릴 것이다. 그들이 반드시 너희를 모조리 죽여 버릴 것이니 알아서 해라."

그들은 서로 귓속말을 주고받으며 의논했다. 그러더니 나를 끌고 산속 어느 초가집에 들어갔다. 어떤 놈은 나를 때리고 어떤 놈은 말렸다. 나는 좋은 말로 그들을 타일렀다. 그들은 아무 말도 하지 않다가, 김가란 자에게 네가 처음 시작한 일이니 네 마음대로 하라며, 자기들은 관계하지 않겠다고 했다. 김가가 나를 끌고 산 아래로 내려갔다. 나는 김가를 한편으론 타이르고 한편으로는 버텼다. 그러자 김가도 어쩔 수가 없는지 나를 내버려두고 아무 말도 없이 가버렸다.

그들은 매국단체인 일진회의 남은 잔당이었다. 본국에서 피난 와서 살면서, 내가 지나간다는 말을 듣고 그처럼 행동한 것이었다.

죽음에서 벗어난 나는 친구 집에 찾아가 상처를 치료하며 그해 겨울을 보냈다.

약지손가락 첫째 마디를 끊다

1909년 2월, 연추로 돌아온 나는 동지 열한 사람과 같이 상의했다.

"우리가 이제까지 아무 일도 이루지 못했으니 다른 사람들의 비웃음을 피하기가 쉽지 않습니다. 게다가 강한 조직이 없으니 어떤 일도 이루기가 어렵습니다. 그러니 오늘 우리가 손가락을 끊어 같이 맹세하고 증거를 보입시다. 그 다음, 마음과 몸을 나라를 위해 바쳐서 기필코 목적을 달성하는 것이 어떻겠습니까?"

내 말에 모두 찬성했다. 마침내 열두 사람이 모두 왼손 약손가락 첫째 마디를 끊기로 했다. 우리는 최도헌의 집에서 태극기를 펼쳐놓고 자신의 왼손 약손가락 첫째 마디를 자른 후 흘러내리는 붉은 피로 '대한독립(大韓獨立)'이라 썼다. 동지들은 모두 '대한 독립 만세'를 일제히 세 번 부른 다음, 하늘과 땅에 맹세했다.

내가 동의단지회를 결성한 것은 피로 맹세한 열두 동지가 다 같이 몸을 바쳐 조국의 독립을 회복하고 동양 평화를 이룩하기 위해서였다. 그 후 동의단지회 동지들은 여러 곳을 다니며 교육에 힘쓰고, 백성의 뜻을 모으고, 항일 투쟁을 했다.

그런 와중에 나는 정대호의 편지를 받고 고향 소식을 자세히 알게 되었다. 정대호는 러시아와 청나라 국경의 세관에서 근무하고 있었다. 정대호를 찾아갔을 때, 그가 고향으로 식구들을 데리러 간다고 했다. 나는 내 아내와 아이들도 데려와 달라고 정대호에게 부탁했다.

"나는 나라를 위해 몸을 바칠 것이니, 자네가 내 식솔들도 데려왔으면 좋겠네. 그렇게 해줄 수 있겠는가?"

정대호는 기꺼이 내 부탁을 들어주겠다고 했다. 그때가 1909년 봄이었다.

그 후 여름까지 동지 몇 사람과 함께 국내로 건너가 동정을 살피고자 했으나, 활동비를 마련할 길이 없어 부질없이 세월만 보냈다.

나는 최재형을 찾아갔다. 하지만 최재형도 일본의 집요한 방해 공작으로 러시아의 심한 간섭을 받고 있었다. 그도 날개를 잃은 새나 다름없었다. 일본은 러시아에 요구해서 한인 의병사무소의 총기와 탄약을 압수하고, 의병들에게 해산을 명령했다. 그 후 러시아는 귀화한 한인들에게 징병령을 내리고, 귀화하지 않은 한인들에게는 추방령까지 내렸다. 이런 상황이 계속되자 최재형은 드러내놓고 의병 활동을 할 수가 없었다.

나는 무기를 다시 들고 싸우고 싶었지만 낯선 땅 러시아에서 무장해제 명령을 어길 수가 없었다. 여러 날 동안 여기저기를 떠돌았지만 마음만 더 초조할 뿐이었다. 하루라도 빨리 블라디보스토크에 있는 대동공보사에 가서 최재형을 만나고 싶어서 친구들에게 말했다.

"나는 블라디보스토크로 가야겠어."

내 말에 친구들이 놀라 물었다.

"왜? 아무 약속도 없는데, 갑자기 왜 가려는 거야?"

"내 마음이 여기 있어서는 안 될 것 같아. 블라디보스토크에 빨리 가 봐야 할 것 같네. 자세히 말할 수는 없지만, 이곳에 더 머물러서는 안 되겠어."

친구들은 섭섭해하며 이제 가면 언제 오느냐고 물었다. 나는 무심

코 다시 돌아오지 않겠다고 대답했다. 모두 나를 이상하게 생각했다.

친구들과 작별하고 보로실로프에서 기선을 탔다. 블라디보스토크에 도착했더니 예상대로 내가 바라던 소문이 자자했다. 나는 자세한 내용을 알고 싶어 대동공보사를 찾아갔다. 그곳에서 이토 히로부미가 하얼빈에 올 것 같다는 소식을 알려주었다. 나는 '소원하던 일을 이제야 이루게 되다니! 늙은 도둑이 내 손에서 끝나는구나!' 하며 남몰래 기뻐했다.

이토 격살 특파대

나는 대동공보사에서 사장인 최재형과 편집장 이강, 그리고 몇몇 동지들과 함께 이토 히로부미 처단을 위한 방도를 논의하고 실행에 옮길 계책을 짰다.

우선 우덕순 동지와 나는 하얼빈까지 함께 가기로 했다. 우리는 각자 권총을 휴대하고 기차를 탔다. 가면서 생각해 보니 둘 다 러시아말을 전혀 할 줄 몰라 걱정이 되었다. 그래서 도중에 기차에서 내려 유경집을 찾아갔다. 그에게 거짓으로 사정을 말하며 도움을 청했다.

"지금 가족을 맞으러 하얼빈으로 가는데, 러시아말을 몰라 답답하네. 자네가 같이 가서 통역도 해주고 여러 일을 도와줄 수 없겠나?"

내가 부탁하자 유경집은 자기 아들 동하가 약을 사러 하얼빈에 가려는 참이니 함께 가라고 했다.

이튿날, 우리는 유동하와 함께 하얼빈에 도착해서 김성백의 집에서 묵었다. 신문을 보면서 이토 히로부미가 오는 날짜를 자세히 알아보았다. 이토는 창춘을 지나 하얼빈으로 올 예정이었다. 우리는 하얼빈 남쪽에 있는 창춘으로 가서 하루라도 빨리 거사를 단행하고 싶었다. 하지만, 아직 나이가 어린 유동하는 곧바로 집으로 돌아가고 싶어 했다.

우리는 다시 통역해줄 사람을 찾다가 조도선을 만났다. 그에게 가족을 맞이하러 남쪽으로 가는데 동행해 달라고 부탁했더니, 그는 흔쾌히 승낙했다.

그날 밤도 우리는 김성백의 집에서 묵었다. 그때 활동비가 부족할까 걱정되어 김성백에게 50원을 빌려 오라고 유동하를 보냈다.

나는 앞으로 할 일을 생각하자 원통하고 슬픈 마음을 가눌 길 없어 노래 한 수를 지었다.

장부가

장부가 세상에 처함이여 그 뜻이 크도다
때가 영웅을 지음이여 영웅이 때를 지으리로다
천하를 크게 바라봄이여 어느 날에 업을 이룰꼬
동풍이 점점 차가워짐이여 장사의 의기가 뜨겁도다

분개함이 한번 뻗치니 반드시 목적을 이루리로다
도적 쥐새끼 이토여 그 목숨 어찌 사람 목숨인고
어찌 이에 이를 줄 알았으리오 도망갈 곳 없구나
동포 동포여 어서 빨리 큰일을 이룰지어다

만세 만세! 대한 독립
만세 만만세! 대한 동포

내가 〈장부가〉를 지었더니, 우덕순 동지도 〈거의가〉를 지어 들려주었다. 나는 《안응칠 역사》에는 〈거의가〉를 싣지 않았다. 마음속으로 우 동지를 생각하면서 〈거의가〉를 불러 보았다.

거의가(擧義歌)

만났도다 만났도다 원수 너를 만났도다
너를 한번 만나고자 일평생에 원했지만
어찌하여 서로 만나는 것이 이렇게 늦었는가
너를 한번 만나려고 바다와 육지 수만 리를
배를 타고 기차를 탔다
온갖 어려움을 수없이 겪으며

러시아와 청나라를 지날 때
앉아 있을 때나 서 있을 때나
하늘을 우러르며 기도했다
살피소서 살피소서 주 예수여 살피소서
우리 반도 대제국을 원하오니 구하소서

오호, 간악한 늙은 도적아
우리 민족 이천만을 멸망까지 시켜놓고
금수강산 삼천리를 더할 수 없이 흉악한 수단으로
소리 없이 빼앗았다
대한민족 이천만이 다 같이 애련하여
너 늙은 도적을 이 정거장에서 만나기를 천만 번 기도했다
밤낮을 잊고 만나고자 하였더니 마침내 이토를 만났구나
오늘 네 목숨이 내 손에 달렸으니
지금 네 목숨이 끊어지니 너도 원통하리로다
갑오독립 시켜놓고 을사체약한 후에
오늘 네가 북쪽으로 올 줄 나도 역시 몰랐도다
덕 닦으면 덕이 오고 죄 범하면 죄가 온다
너뿐인 줄 알지 마라 너의 동포 오천만을
오늘부터 시작하여 하나둘씩 보는 대로
내 손으로 죽이리라

오호라 우리 동포여

한마음으로 뜻을 모아 우리 국권 회복하고

부국강병 꾀하면 세계의 어느 누가 우리를 압박할까

우리 자유가 보잘것없는 푸대접을 받고 있으니

어서 어서 마음을 모으고 용감한 힘을 가져

국민의 의무를 다하세

나와 우덕순 동지는 서로 지은 노래를 읊으며 다시 한 번 뜨거운 결의를 다졌다.

나는 블라디보스토크의 대동공보사에 있는 이강에게 편지 한 장을 썼다. 우리의 거사를 신문을 통해 널리 알려 달라는 것과 유동하가 만일 김성백에게 50원을 꾸어 온다면, 우리는 이를 갚을 방법이 없으니 대동공보사에서 갚아달라고 부탁하는 내용이었다. 대동공보사 사장은 최재형이었지만, 나는 최재형의 이름을 언급하지 않고 이강에게 편지를 보냈다. 대동공보사는 내가 빌린 돈을 기꺼이 갚아줄 것이었다.

심부름 갔던 유동하가 돌아왔지만 돈을 꾸지 못했다고 했다. 나는 그날 밤을 뜬눈으로 지새웠다.

이튿날 아침 우덕순, 조도선, 유동하 세 사람과 함께 사진관에 가서 사진을 찍었다. 어쩌면 생애 마지막 사진인지도 몰라 사진을 찍는 순간, 우리의 표정은 저절로 엄숙해졌다.

그 후 우리는 하얼빈 역에 가서 남청열차가 서로 만나는 정거장이 어딘지를 역무원에게 물었더니 남쪽에 있는 차이자고우 역이라고 했다. 나는 유동하와 작별한 후 우덕순, 조도선 두 사람과 함께 열차를 타고 차이자고우로 갔다. 여관을 정하고 다시 역에 가서 역무원에게 물었다.

"이곳에 기차가 매일 몇 차례나 오갑니까?"

"매일 세 번씩 오간다. 오늘 밤에는 하얼빈에서 창춘까지 가는 특별열차가 있다. 그 특별열차는 창춘에서 이토 히로부미 공을 태우고 모레 아침 6시에 이곳을 지나갈 것이다."

역무원에게서 우리는 뜻밖의 소식을 들었다. 나는 다시 깊이 생각해 보았다.

'모레 아침 여섯 시쯤이면 날이 밝기 전이니, 이토가 이 정거장에는 내리지 않을지도 모른다. 혹시 기차에서 내려 시찰한다 해도, 날이 채 밝지 않은 어둠 속이라 누가 이토인지 분간할 수도 없을 것이다. 더구나 나는 이토를 본 적이 없어 이토의 모습을 모르니, 과연 우리가 정확하게 일을 치를 수 있을까?'

다시 창춘에 가 보고 싶었지만, 여비가 부족해 어쩌면 좋을는지 알 수가 없었다. 이런저런 생각에 마음만 몹시 괴로웠다. 나는 유동하에게 급히 전보를 쳤다.

"우리는 차이자고우 역에 내렸다. 만일 그곳에 급한 일이 있으면 전보를 쳐주길 바란다."

오후 늦게 유동하에게서 전보에 대한 답이 왔으나, 내용이 분명치 않아 혼란스럽기만 했다. 그날 밤 다시 깊이 생각한 후, 다음 날 아침 우덕순 동지와 방법을 상의했다.

"우리가 이곳에 같이 있는 것은 좋은 방법이 아닙니다. 첫째는 돈이 부족하고, 둘째는 유동하의 전보 내용이 분명치 않고, 셋째는 이토가 내일 새벽에 여기를 지나갈 텐데, 자칫 일을 그르치게 될까 걱정됩니다. 만일 이번 기회를 놓치면 다시 거사를 실행하기가 어려울 것입니다. 그러니 동지는 여기 머물러 기다렸다가 기회가 오면 행동하십시오. 나는 하얼빈으로 돌아가 그곳에서 기회를 노리겠습니다. 우리가 두 곳에서 거사에 대비한다면 더욱 확실하게 성공할 수 있을 것입니다. 만일 우 동지가 차이자고우에서 일에 성공하지 못하면, 내가 하얼빈에서 꼭 성공할 것입니다. 두 곳 모두에서 뜻대로 되지 않는다면, 다시 활동비를 마련해 다음 거사를 준비하는 것이 좋을 듯합니다."

내 말에 우덕순 동지도 좋은 의견이라며 찬성했다. 나는 곧 우덕순 동지와 작별했다. 작별인사를 하려니 앞날이 어찌 될지, 다시 만날 수 있을지 알 수 없어 땅에 엎드려 인사를 나누었다.

나는 곧 차이자고우에서 기차를 타고 하얼빈으로 돌아와 유동하를 만났다. 유동하에게 전보 내용이 분명치 않아 답답했다고 꾸짖었더니, 말도 없이 밖으로 나가 버렸다. 그날 밤 김성백의 집에서 자려고 누웠는데, 여러 가지 근심에 잠이 오지 않았다.

　이튿날 아침 일찍, 나는 양복을 갈아입고 벨기에 제 브라우닝 단총을 양복 안쪽에 넣었다.

　하얼빈 역에 도착하니 그때가 오전 7시쯤이었다.

　갑자기 사카이 경시가 나를 찾았다. 나는 쓰고 있던 《안응칠 역사》를 얼른 덮으며 사카이와 눈을 맞췄다. 사카이의 눈에서는 여전히 싸늘한 냉기가 흘렀다.

　"공판일은 6~7일 후가 될 것이오. 한국인 변호사 안병찬과 영국인 변호사 더글러스, 그리고 러시아인 변호사 미하일로프의 변호는 허가되지 않았소. 대신 이곳에 있는 일본인 관선변호사가 선임되었으니 그리 아시오."

　사카이 경시는 싸늘하게 말을 내뱉더니 금세 바람처럼 가 버렸다. 그다음부터 공판 하루 전까지 사카이 경시는 수시로 찾아와 단지동맹에 관해 꼬치꼬치 캐물었다.

관동도독부 1호 법정

나는 공판에 대해 희망을 품으면 안 된다는 직감이 들었다. 첫 공판부터 나를 변호하려고 동포들이 보낸 영국인 변호사 더글러스도, 러시아인 변호사 미하일로프도, 한국인 변호사 안병찬도 변호할 수 없게 막아 버렸다. 이것은 무슨 의미일까. 내가 바랐던 국제재판이 깜깜한 어둠 속으로 묻혀 버리는 듯하여 여간 불안하지 않았다.

2월 초하루 날이었다. 두 동생이 변호사 안병찬, 고병은과 함께 찾아왔다. 안병찬은 나에게 어머니의 안부를 전하며 인사를 건넸다.

"말이 통하지 않는다는 이유로 외국인의 변호를 허락하지 않는다니, 이런 경우가 어디 있습니까? 통역을 쓰면 되는 일인데, 눈 가리고 아웅 하는 격이 아니고 무엇이겠습니까?"

"일본인을 믿고 기대한 것이 잘못이지요."

안병찬은 일본의 처사가 참으로 어이가 없다고 흥분했다.

"사카이 경시가 나를 심문할 때부터 공판이 내 뜻대로 이루어지지 않을 것이라고 짐작했습니다. 제대로 된 재판을 받을 수 없다는 게 원망스러울 뿐입니다. 내 조국은 아직도 일제의 강압 아래 신음하고 있는데⋯⋯."

나도 감정이 격해져서 더는 말을 이을 수가 없었다.

만국공법에 따라 제대로 된 국제재판을 받게 되리라는 희망이 영원히 날아가 버렸다. 그 재판을 통해 내 조국의 아픔을 만천하에 알리고, 동양 평화를 주장하려던 내 의도는 이루어질 수 없게 되었다.

안병찬은 나를 위로하며 마지막까지 최선을 다해 나를 변호할 방법을 찾아보겠다고 했다.

2월 6일, 사카이 경시는 단지동맹에 관해 다시 똑같은 심문을 했다. 나는 이전에 진술한 것이 모두 사실이라고 말했다.

"우리 동지 중에는 아직도 연해주에 사는 사람이 있다. 우리 결사대가 열둘이라고 단정하면 안 된다. 연해주로 이주한 일백만 동포 모두가 결사대라고 생각하지 않으면 안 될 것이다."

사카이 경시는 내 말에 몹시 기분이 상했는지 더는 묻지 않고 가버렸다.

1910년 2월 7일 오전 10시, 일본 관동도독부 1호 법정에서 첫 번째 공판이 열렸다.

나는 일본이 특별히 제작했다는 마차를 타고 뤼순 감옥을 나와 관동도독부 법정으로 향했다. 내 얼굴에는 용수(얼굴을 보지 못하도록 머리에 씌우는 둥근 통 같은 기구)를 씌워 오가는 길에 아무것도 볼 수가 없었다. 마차에는 창문도 없었다. 나는 조국을 염려하는 마음만 가득 품고 감옥에서 법정까지 가는 동안 말발굽 소리를 들으며 시간을 가늠했다. 헌병들이 내 마차 앞뒤에서 삼엄하게 경비했다. 나중에 알게 되었지만, 뤼순 감옥에서는 혹시 한국의 애국지사들이 나를 감옥에서 빼내기 위해 비밀작전이라도 벌일까 봐, 내가 법정과 감옥을 오갈 때마다 많은 군인에게 경비를 서게 했다고 한다.

관동도독부 법정에 도착해서 지정된 자리에 앉자 그제야 용수를 벗겨 주었다. 우덕순과 조도선과 유동하가 내 옆에 나란히 앉아 있었다. 방청인들이 수백 명은 되어 보였다. 한국인 변호사 안병찬과 영국인 변호사와 러시아 변호사도 보였다. 그러나 그들에게 변호권을 주지 않았기 때문에 방청석에 앉아 있어야 했다.

마나베 재판장이 내 이름과 나이와 직업과 주소를 물었다. 나는 참담한 기분이 들었다. 법정도 일본 법정, 변호사도 일본 변호사, 판사도 일본 판사가 나를 재판하고 있었다. 내 힘으로 이 왜곡된 재판을 바로잡을 수 없어 안타까웠다. 나는 어찌 되었든 이 재판에서 내 뜻을 모두 밝혀야만 했다.

나는 침착하게 대답했다. 재판장이 우덕순에게도 이름과 나이와 직업과 주소를 물었다. 조도선과 유동하에게도 같은 질문을 했다. 우리 각자에게 질문을 마친 재판장이 모두에게 묻는다며, 한국 또는 러시아 법률에 따라 처벌당한 적이 없느냐 물었다. 모두 없다고 대답하자 나부터 심문하겠다고 말했다.

재판장은 나에게 본인 이름을 안응칠이라고 했는데, 언제부터 응칠이란 이름을 사용했는지 물었다. 그다음 종교와 학업, 결혼, 자녀 등 개인 신상에 관한 모든 것을 물었다. 그러더니 내가 집을 떠난 이유를 물었다. 나는 이렇게 대답했다.

"러일전쟁 때만 해도 한국인들은 일본을 믿었다. 당시 일본 천황의 선전 조칙에는, 일본이 동양의 평화를 유지하고 한국의 독립을 공고히 하겠다는 취지가 들어 있었다. 그래서 한국인은 매우 감격하여 러일전쟁에서 마치 일본인처럼 일본 편이 되어 싸운 사람도 많다. 러시아와의 전쟁에서 일본이 이겼을 때 한국인들은 진심으로 기뻐했다. 그러나 이토 히로부미가 한국의 통감으로 부임해온 후에 5조약을 강제로 체결했고, 정미년에 7조약을 일방적으로 체결했다. 이 조약들은 천황이 선언한 한국의 독립을 공고히 한다는 취지에 크게 벗어나는 처사였다. 더구나 이 조약은 한국 황제가 옥새를 찍은 것도 아니고, 또 한국의 총리대신이 동의하지도 않은 강제 조약이었다. 그 때문에 한국인들은 상하를 막론하고 조약을 인정하지 않았다. 애국자들은 물론 나도 분개하여 이토 히로부미의 이런 부당한 처사를 세계 만방에 폭로하겠다는 각오를 다졌다. 원래 한국은 싸움을 일삼는 나라가 아니라, 학문을 소중히 여기는 나라이다. 그래서 일본의 강제 조치들에 대해 분함을 참을 수가 없었다."

재판장은 나에게 국가를 위해 일하는 까닭을 물었다.

"이토 히로부미가 일본에서는 일류 인물이고, 대단한 권력을 가지고 있었음을 안다. 하지만 이토 히로부미를 죽여야만 한국의 독립을 이룰 수 있기 때문에 나는 내 목적을 실행한 것이다."

재판장은 내가 하얼빈 거사 전에 어디에 있었고, 누구를 만났고, 어떤 경위로 거사를 실행했는지 세세하게 물었다. 나는 미조부치와 사카이 경시에게 심문받을 때 했던 얘기를 또다시 또박또박 반복했다.

그러는 사이 어느새 오전이 다 가 버렸다. 재판장은 잠시 휴식을 취한다며 1시에 개정하겠다고 말한 후 휴정을 선언했다.

오후 법정에서도 계속해서 하얼빈 거사 부분을 집중 심문했다. 그중에서도 내가 이토를 처단한 권총에 많은 시간을 썼다. 권총을 얻게 된 과정에서부터 총알의 장전, 권총을 쏘기까지, 또 권총을 쏘고 난 후의 행동에 관해서도 계속 심문했다.

나는 재판정에서 이토가 총을 맞은 후 정확하게 30분 후에 절명했다는 것을 비로소 알았다. 그 외에도 하얼빈 총영사 카와카미와 모리 궁내대신과 비서관은 허파와 팔에 관통상을 입었고, 다나카 만주철도 이사도 발에 상처를 입은 걸 알게 되었다. 나는 이토 이외에 죄가 없는 사람들을 다치게 한 것에 미안한 마음이 들었다.

재판장은 내가 의병 참모중장 자격으로 하얼빈 거사를 결행했다고 했는데, 그게 무슨 뜻이냐고 물었다.

나는 모든 방청객이 다 들을 수 있게 큰 목소리로 힘주어 말했다.

"나는 대한국 의군의 참모중장이다. 나는 이전부터 내 동지들과 서로 의논하면서, 각각 자신의 직업에 종사하며 독립과 평화를 위해 싸우기로 했다. 농부는 농업에 힘쓰고, 유세하는 자는 유세하는 데 힘쓰며, 각자의 자리에서 온 힘을 기울이기로 했다. 내 직업은 특파독립대장이다. 그래서 이토를 처단한 것이다. 만일 시간이 있었다면, 상당히 많은 군인을 모집했을 것이다. 내게 병력이 있었다면, 쓰시마 해협에 가서 이토가 타고 오는 배를 침몰시켰을 것이다."

내 말이 끝나자 방청석에서 웅성거리는 소리가 들렸다.

재판장이 내게 물었다.

"그렇다면 대한 8도의 총지휘관은 누구이며, 지금 어디에 있는가?"

단도직입적으로 묻는 재판장의 질문에 나는 재빨리 상황을 파악했다. 내가 대한국 의군 참모중장이라고 강조한 이상, 총지휘관의 이름을 반드시 말해야 했다. 그러나 사실대로 말할 수는 없었다. 위로는 한국의 황제가 총지휘관이겠지만, 내가 활동했던 러시아 연추에서의 총지휘관은 바로 최재형이었다. 그는 동의회를 조직하고 대한국 의군을 창설하여 의병들을 먹이고 입히고 재우고 무기를 조달해 주었다. 내가 총지휘관을 최재형이라고 말하는 순간, 러시아에서 활동하는 독립군 자체가 위기에 빠질 것은 불 보듯 뻔했다. 한국의 독립을 위해 조직된 동의회가 위태로워지고 독립운동의 뿌리가 흔들릴 것이었다. 그렇지 않아도 심문 때마다 대동공보사를 지목하며 캐묻지 않았던가. 나는 머리를 빠르게 굴렸다.

'내 이름 응칠은 내 몸에 있는 점 일곱 개가 북두칠성의 기운에 응답한다는 뜻으로 붙여진 것이다. 그러니 일본이 찾아낼 수 없는 익명을 만들자. 북두칠성에서 두 글자를 빼내어 총지휘관의 이름을 두성

이라고 하자. 성은 가장 흔한 김 씨로 하면, 김두성이 된다.'

나는 큰 소리로 대답했다.

"8도의 총지휘관은 김두성이며, 출생지는 강원도다. 지금은 어디에 있는지 모른다."

갑자기 방청석이 술렁거렸다. 모두 김두성이 누구냐며 놀라는 눈치였다. 내 의도가 제대로 먹혀들어가는 순간이었다. 이제 일본은 있지도 않은 김두성을 찾느라 혈안이 될 것이 눈앞에 떠올랐다.

재판장은 직속상관이 김두성이냐고 다시 물었다. 나는 그렇다고 분명하게 대답했다. 1회 공판이 끝날 무렵, 모두의 관심이 김두성에 쏠리고 있다는 인상을 깊게 받았다.

다음날 2회 공판은 우덕순 동지와 조도선 동지만 심문했다. 세 번째 공판에서는 오전에 유동하 동지만 심문하고 정오가 되어 휴정을 선언했다.

오후 1시에 개정된 공판에서는 일본이 지정한 관선변호사 미즈노와 가마타가 출두했다. 재판장은 나와 우덕순 동지에게 둘이 서로 알고 공모했는지 여부를 물은 다음, 유동하와 조도선에게는 그 외의 것들을 심문했다.

미즈노 변호사는 피고가 의견을 진술할 기회를 달라고 요청했다. 미즈노의 요청에 재판장이 말했다.

"안중근과 우덕순에게 말한다. 피고들은 각자 의견을 더 말하고 싶다고 하는데, 이곳은 개인의 의견을 재판하는 곳이 아니다. 그러나 사실에 관해 피고들이 더 진술할 필요가 있다면, 줄거리만 간추려서 진술하라. 사실 이외의 것을 진술하면, 재판장이 계속할 필요가 없다고 생각될 때 진술을 곧바로 중지하겠다. 이 재판과 긴밀한 관계가 있는 것만을 진술하라. 시간이 많지 않고 통역도 해야 하니, 간략하게 진술하기 바란다."

나는 재판장의 말이 끝나자마자 내 의견을 말했다. 이토를 저격한 것이 내가 살인을 좋아해서가 결코 아니며, 오로지 큰 목적을 이루기 위한 하나의 수단이었다고 분명한 어조로 진술했다.

"이번 거사는 나 개인을 위한 것이 아니고 동양 평화를 위해 한 것이다. 나는 지난 3년간 곳곳을 다니며 동포들에게 유세도 하고, 또 의병 참모중장으로서 각지의 싸움에도 참가했다. 이번 거사도 대한 독립을 위한 전투의 하나로 의병 참모중장으로서 결행한 것이지, 보통의 자객으로서 한 일이 아니다. 따라서 나는 피고인이 아니라 일본군의 포로이다.

오늘날 한국과 일본의 관계를 보면, 일본인이 한국의 관리가 되고 한국인도 일본의 관리가 되어 있다. 서로 일본과 한국을 위해 충성을 다하지 않으면 안 된다. 이토 히로부미도 통감으로 한국에 왔으니, 이토 개인은 한국의 신민으로 취급되어야 한다. 그런데 5조와 7조의 조약을 강제로 맺게 하고, 황제를 억류하여 마침내 폐위시키기까지 했다. 황제는 우리 사회에서 가장 존귀한 자인데도 이토는 황제를 침해한 것이다. 이는 신하로서 도저히 해서는 안 되는 행위이며,

이보다 더 큰 불충이 있을 수 없다. 한국인은 모두 이토 통감을 원수로 생각하고 있다.

　일본 천황의 뜻은 한국의 독립을 공고히 하고 동양의 평화를 유지하는 것인데, 한국 통감으로 한국에 온 이토는 이에 반하는 통치를 했다. 그러므로 한국 곳곳에서 의병이 일어난 것이다. 이를 일본 군대가 진압하려 하니, 이것은 곧 한국과 일본의 전쟁이라 하지 않을 수 없다. 지금까지 내가 진술했듯이, 이토는 일본 측이나 한국 측 양쪽 모두에서 볼 때, 분명한 역적이라는 사실을 충분히 판단할 수 있을 것이다.

　갑오년에도 양국 사이에서 무척 불행한 일이 일어났다. 한국의 황후를 살해할 음모를 이토 자신이 꾸미고 많은 일본 병력을 동원했다. 이토는 또한 일본에서도 역적이라고 볼 수 있는 이유가 여럿 있다."

　이때 재판장이 내 말을 갑자기 끊었다.

　"피고가 그런 내용을 계속 진술한다면 재판의 공개를 부득이 정지하지 않을 수 없다."

　나는 재판장의 말이 끝나자마자 큰 소리로 다시 시작했다.

　"하지만 그런 사실은 이미 신문이나 그 밖의 것을 통해 세상에 이미 발표되었던 것이다. 지금 그것을 다시 진술하는 것이니, 구태여 방청을 금할 이유가 어디 있는가."

　재판장의 얼굴이 노기로 가득 찼다. 그는 나보다 더 큰 목소리로 말했다.

"그러나 경우에 따라서는 정지시킬 수도 있으니 그리 알라."

나는 침착하게 다시 진술을 이어나갔다.

"한국 사람인 나는 이토가 일본에 매우 큰 공로를 세운 사람이라는 사실을 이전부터 듣고 있었다. 다른 한편으로는 일본 황실의 큰 역적이라는 사실도 들어서 알고 있다. 일본 현 황제의 아버지인 전 황제 효명천황을……."

여기까지 소노키가 통역했을 때였다. 재판장이 내 진술은 공공질서에 방해된다고 인정되니 더는 공개 재판을 하지 않겠다며, 방청인들은 모두 퇴정하라고 명령했다.

공판을 통해 세계만방에 이토의 만행을 알리려고 했던 일이 순조롭지 않았다. 재판장의 명령에 따라 우르르 밖으로 몰려나가는 사람들을 바라보며 생각했다.

'내 말 속에 칼이 들어 있어서 그런가. 총과 대포가 들어 있어서 그런가. 마치 맑은 바람이 한번 부니 쌓였던 먼지가 모두 흩어져 날아가는 것 같구나. 하지만 다른 이유가 있어서가 아닐 것이다. 내가 설명한 이토의 죄목 중에 일본 효명천황을 살해했다는 말이 들어 있기 때문에 재판장이 황급하게 제지하는 것이겠지.'

잠시 후 재판장이 나에게 다가오더니 다시는 그런 말을 하지 말라고 못을 박았다. 나는 한동안 묵묵히 앉아 생각을 다듬었다.

'마나베 판사가 법을 몰라서 이러는 것인가. 천황의 목숨이 중요하지 않아서 그러는 것인가. 아니면 이들이 모두 이토가 내세운 관리이기 때문인가. 왜 이러는 것일까. 가을바람에 크게 취해서 이러는 걸까. 오늘 내가 이렇게 고난을 겪는 것이 꿈일까, 생시일까. 나는 대한제국의 당당한 백성인데, 어째서 일본 감옥에 갇혀 있는 걸까. 더구나 일본 법에 따라 재판받아야 하는 이유는 무엇일까. 내가 언제 일본에 귀화라도 했단 말인가. 판사도 일본인, 검사도 일본인, 변호사도 일본인, 통역관도 일본인이다. 이 모든 정황은 벙어리가 연설하고, 귀머거리가 방청하는 것과 다름이 없다. 이것이 진정 꿈속 세계가 아니고 무엇이란 말인가. 꿈이라면 어서 깨어라. 어서 빨리 깨어라.'

나는 생각할수록 어이가 없었다. 세상은 점점 더 어둠 속으로 빠져 들어 가는 듯했다. 이제 설명이고 뭐고 다 필요 없었다. 나는 허탈한 마음으로 재판장에게 말했다.

"마음대로 하시오. 이제부터 나는 아무 말도 하지 않겠소."

내 말을 끝으로 세 번째 공판이 끝났다.

다음 날 네 번째 공판이 열렸다. 재판장이 미조부치 검찰관에게 논고를 명령했다.

미조부치는 유동하부터 시작해서 그동안 심문 내용을 기본으로 장황하게 논고를 시작했다. 온종일 논고를 읽은 미조부치는 나에게는 사형을, 우덕순과 조도선에게는 징역 3년을, 유동하에게는 1년 6개월을 구형했다.

미조부치의 논고가 끝나자 변호사가 이미 날이 저물었다며 변론 준비를 위해 재판의 연기를 신청했다. 재판장은 연기 신청을 받아들여 이틀 후인 12일 오전 9시에 개정하겠다고 명령했다.

이틀 동안 나는 여러 가지를 생각해 보았다. 이제 일본은 나에게 사형을 선고할 것이다. 변호사가 아무리 변론을 잘해도 그것을 뒤집을 수 없을 것이다. 내가 살기 위해 목숨을 구걸하는 방법이 있기는 했다. 사카이 경시의 말대로, 이토를 개인적인 원한 때문에 살해했다고 말하면 나는 살 수 있을 것이다. 그러나 그것은 어림도 없는 말이다. 내가 목숨이 아까워 일본에게 살려달라고 구걸하는 짓을 한다면 굴러가는 돌이 웃을 일이다.

만국공법에 따른 국제재판으로 이토의 죄상을 낱낱이 파헤치고, 일본의 대한제국 강제 침탈을 전 세계에 고발하여 대한의 독립과 동양의 평화를 이루고자 했던 내 계획은 일본의 꼭두각시 같은 재판으로 목적을 이룰 수 없게 되었다.

'이제 내가 해야 할 일이 무엇인가.'

사형이 선고되기 전에 내 목적을 가장 효율적으로 이룰 수 있는 마지막 방법을 찾아야 했다.

2월 12일 아침 일찍 간수인 지바 도시치가 나를 마차에 태워 법정으로 향했다. 지바 도시치는 헌병이었다가 간수가 되었는데, 나에게 아주 친절하고 예의 바르게 대했다.

나는 법정으로 가면서 결국은 일본이 원하는 대로, 일본의 각본에 의해서 재판이 끝나가는 것에 참담함을 금할 수가 없었다.

법정이 열리자 가마타 변호사의 꼭두각시 같은 변론이 시작되었다. 변호사는 일본이 안중근에게 변호사를 두 명이나 선임해 주고, 많은 방청객이 올바른 재판을 방청할 수 있게 해주어 감사한다고 말했다.

나는 차라리 눈을 감고 두 귀를 막고 싶었다. 변호사는 나와 우덕순은 확실한 범인이기 때문에 마땅히 벌을 받아야 하지만, 조도선과 유동하는 상황을 잘 모르고 이용당한 사실들이 여러 가지 보인다며 형량을 줄여달라고 요청했다.

가마타 변호사는 이 재판에서 한국 사람에게 왜 일본 법을 적용하는 것이 마땅한지를 한참이나 설명했다. 나를 변호하면서도 불법 재판을 하는 것이 켕기기는 하는 모양이었다. 변호사는 자기들의 불법 재판을 정당한 재판으로 보이도록 억지를 쓰느라 오전 시간을 모두 써 버렸다.

오후에는 미즈노 변호사의 변론이 있었다. 미즈노는 내 형량에 대해 다양한 변론을 펼쳤다. 내가 이토를 오해해서 죽였고, 그 행동은 조국에 대한 충정에서 비롯되었다는 점을 강조했다. 나는 변호사의 말을 하나하나 분석하며 반론을 어떻게 펴 나갈지 머릿속으로 정리했다.

미즈노 변호사는 고인이 된 이토가 한국을 사랑했다고 강조했다. 그래서 이토는 저승에서도 자신을 죽인 내가 중형받는 것을 원치 않을 것이라고 했다.

나는 미즈노의 변호가 가증스러웠다. 말장난에 불과한 미즈노의 말을 듣고 있자니, 분통이 끓어올랐다. 나는 얼른 반론을 펼치고 싶었다. 내 정당한 반론을 듣고 이 법정에 모인 사람들의 마음에 정의가 되살아나기를 빌었다.

미즈노는 내가 이토를 오해해서 죽였다고 끝까지 강조했다. 나는 절대로 이토를 오해해서 처단한 것이 아니다. 변호사의 변론이 엉터리일수록, 나는 더 반론할 말이 많았다.

미즈노의 변론이 끝나자 재판장이 내게 반론을 하겠느냐고 물었다.

나는 심호흡을 크게 하고 방청객이 다 들을 수 있게 큰 소리로 분명하게 반론을 시작했다.

"이토의 죄상은 천지신명과 모든 사람이 다 아는데, 내가 오해하고 있다니 당치도 않다. 나는 개인적으로 이토를 미워해서 죽인 살인범이 아니다. 대한국 의군 참모중장의 의무를 다하기 위해 하얼빈에서 이토를 공격했으며, 지금은 포로가 되어 여기에 있는 것이다. 그러니 뤼순의 지방 재판소와 나는 전혀 관계가 없다. 국제법인 만국공법으로 나를 재판해야 하며, 나는 그것을 요구한다."

내 말이 끝나자 재판을 지켜보는 사람들이 웅성거렸다. 그때였다. 재판장이 분위기를 바꾸려는 듯 피고들에게 마지막으로 할 말이 있으면 하라고 했다.

나는 이제 더는 기회가 없다는 생각에 검찰관의 논고를 반박하기 시작했다. 방청객들에게도 이 재판이 얼마나 황당한 각본으로 짜인 엉터리 재판인지를 알려야 했다.

"나는 검찰관의 논고에 대해서 할 말이 있다. 하얼빈에서 검찰관이 올해 다섯 살된 내 아들에게 내 사진을 보여주며 '이 사람이 네 아버지냐?'라고 물었다고 한다. 그랬더니 아들이 그렇다고 대답했다는데, 그 아이는 내가 고국을 떠날 때 두 살이었다. 우리는 그 후에 만난 적이 없는데, 그 아이가 내 얼굴을 어떻게 기억하고 알아볼 수 있겠는가. 그 사실 하나만 보더라도 검찰관의 논고가 얼마나 엉성한지, 또 사실과 얼마나 다른지를 알 수 있다.

나는 이번 거사를 개인적으로 한 것이 아니다. 한국과 일본의 관계를 깊이 생각해서 결행한 것이다. 그런데 사건 심리는 물론 재판장을 비롯하여 변호사와 통역까지 모두 일본인이 하고 있다. 러시아에 사는 동포들이 보낸 변호사도 있고, 또 영국인 변호사와 한국에서 온 변호사도 있었지만, 모두 변호를 허락하지 않았다. 나는 그 사람들이 내 변호를 하는 것이 당연하다고 생각한다.

일본 검찰관이나 변호사의 변론을 들어 보니, 이토가 한국 통감으로 시행한 통치는 완전무결하며, 내가 이토를 오해하여 죽였다고 한다. 이는 천부당만부당하다. 나는 이토를 오해한 것이 아니다. 오히려 정확하게 이토가 어떤 사람인지 또 어떤 일을 했는지 알고 있기 때문에, 결코 이대로 모른 체 넘길 수 없었다.

이토의 부당한 처사에 분개한 사람들은 이전에도 많았다. 최익현은 이토의 정책에 반대하는 방책을 냈다가, 일진회의 송병준에게 잡혀서 쓰시마에 구금되었다가 사망했다. 그때 의병이 일어나 항거했지만,

이토의 정책은 변하지 않았다.

고종황제는 이상설과 이준, 이위종을 특사로 삼아 헤이그평화회의에 보냈다. 이토가 체결한 5조약은 병력을 앞세워 강제로 체결한 것이니, 만국공법에 따라 처분해 달라고 요청하려 했던 것이다. 불행하게도 그 일은 성공하지 못했다. 오히려 이토는 그 일을 빌미로 한밤중에 칼을 뽑아들고 황제를 협박해서 7조약을 체결했다. 그리고 황제를 강제로 폐위시키고 일본에 사신을 보내 사죄하게까지 했다. 그 일로 많은 애국지사가 울분을 참을 수 없어 했고, 자결하는 사람까지 있었다. 그리고 무기를 들고 일본군과 싸워 한성의 변이 일어났던 것이다. 그때도 수많은 한국인이 일본에 학살되었다.

이토는 한국인을 학살할 때, 머리에 쇠사슬을 씌워 산 채로 죽이고 백성들에게 그 장면을 보게 하는 등 무척 잔인한 방법을 썼다. 이토는 영웅이 아니라 간사한 자일 뿐이다. 이토는 한국을 사랑하는 척하면서, 잔인한 방법으로 한국인을 고통 속에 몰아넣었다. 이토는 겉으로만 평화를 사랑할 뿐이지만, 한국인은 이토보다 몇백 배나 진심으로 평화를 원하고 있다.

지금 나의 변론도 요지만 통역해서 들려주는 것을 알고 있다. 이것 역시 불공평하다고 생각한다. 누가 보아도 이 재판이 편파적이라는 비방을 피할 수 없을 것이다.

검찰관이나 변호사는 이토의 정책이 완전무결하다고 하지만, 이토가 통감으로서 실제로 행한 정책들을 살펴보면 그렇지 않다는 걸 알 수 있다.

먼저 1905년의 5조 보호 늑약에 대한 것이다. 이 늑약은 말 그대로 황제를 비롯하여 한국의 모든 백성이 보호를 희망하지 않았는데, 강제로 맺은 것이다. 이토는 한국 신민과 황제의 희망으로 조약을 체결한다고 했지만, 실제로는 일진회를 부추겨 찬성하게 만들고, 여러 대신을 돈으로 속여 황제의 옥쇄도 찍히지 않은 문서를 강제로 체결하게 했다. 이토의 부당한 정책에 대해 뜻있는 사람들은 크게 분개하였고, 유생들은 황제에게 상소를 올리고 이토에게 철회하라고 요구했다.

그 후 의병 십수만 명이 일어나자 일본의 천황은 조칙을 내렸는데, 나라가 위급할 때 수수방관하는 것은 백성된 자로서의 도리가 아니라고 했다. 그래서 한국인은 더욱 격분하여 오늘날까지 일본군과 싸우고 있으며, 이 때문에 십만 이상의 한국인이 학살되었고, 장교도 적지 않게 전사했다. 이들은 모두 이토 때문에 죽은 것이다. 이토의 정책은 이처럼 한 명을 죽이면 열 명, 열 명을 죽이면 백 명의 의병이 일어나는 상황이 되게끔 한다. 정책을 개선하지 않으면 한일 간의 전쟁은 영원히 끊이지 않을 것이다.

이토, 그자는 영웅이 아니라 명백한 간웅이다. 간사한 꾀가 뛰어나 '한국은 날로달로 나아가며 진보하고 있다.'라고 신문에 싣게 했다. 또 일본 천황과 일본 정부에도 한국을 원만히 다스려 나날이 나아지고 있다고 속이고 있다. 그러므로 한국 동포는 모두 그의 죄악을 미워하고, 그를 죽이고 싶은 마음을 갖고 있다.

　사람은 누구나 삶을 즐기고 싶어 하며, 죽음을 좋아하지 않는다. 한국인은 십수 년 동안 몹시 괴로움을 당하고 있기 때문에, 일본인보다 몇 배 더 평화를 희망한다.

　나는 지금까지 일본의 군인, 상인, 전도사 등 여러 계급의 사람들을 만났다.

　먼저 한국에 수비대로 와 있는 일본 군인과 나눈 이야기를 전하겠다. 나는 일본 군인에게 '이같이 외국에 와 있는데 본국에 부모와 처자가 있을 것이 아닌가. 꿈속에서도 가족들이 그리울 것이다.'라고 위로했더니, 그 군인은 '견디기 어렵지만 일본의 정책이 그러하니 어쩔 수 없다.'라며 울며 하소연했다. 나는 그에게 '동양이 평화롭고 한일 간에 아무 걸림돌이 없다면 수비대로 올 필요가 없을 것 아니냐?'라고 물으니, '그렇다. 개인적으로는 싸움을 좋아하지 않지만, 일본의 정책이 그러하니 일본 사람으로서 명령받은 대로 싸우지 않으면 안 된다.'라고 대답했다. 내가 '수비대로 온 이상 쉽사리 귀국할 수도 없겠다.'라고 했더니, 그는 '일본에 간신이 있어서 평화를 어지럽히기 때문에 우리도 마음이 없는 이런 곳에 와 있다. 이토 따위를 혼자서는 죽일 수 없지만, 죽이고 싶은 생각이 많다.'라고 이야기했다. 그는 '한국의 땅은 농업에 적합하고 수확도 많다고 해서 왔는데, 곳곳에서 의병이 일어나 안심하고 일할 수가 없다. 또 일본으로 돌아가려 해도 지금은 전쟁 때문에 재원을 마련하는 데 급급하여 농민에게 많은 세금을 부과해 농사짓기가 어렵다고 한다. 그러니 우리가 몸 둘 곳이 없다.'라며 한탄했다.

다음으로 상인과 나눴던 말을 전하겠다. 한국은 일본 제작품의 수요가 많다고 듣고 왔는데, 앞의 군인이 했던 말처럼 곳곳에 의병이 있고 교통이 끊겨 살 수가 없다고 했다. 이토를 없애지 않으면 장사도 할 수 없으니, 자기 한 사람의 힘으로 되는 일이라면 이토를 죽이고 싶지만, 그러지 못하니 어떻든 평화로워지기만을 기다릴 수밖에 없다고 했다.

마지막으로 예수교 전도사의 말을 전하겠다. 나는 먼저 그 사람에게 '이렇게 무고한 사람을 학살하는 일본인을 전도할 수 있겠는가?'라고 물었다. 그는 '도덕에는 나와 남의 구별이 없다. 학살하는 사람은 참으로 불쌍한 자이다. 천제의 힘으로 개선할 수밖에 없으니, 그들을 불쌍히 여겨 달라.'라고 했다.

이 사람들의 이야기에서 일본인도 동양의 평화를 희망하고 있으며, 동시에 간신 이토를 얼마나 미워하고 있는지를 잘 알 수 있다. 일본인도 이런데 하물며 한국인에게 친척이나 친구를 죽인 이토를 미워하지 않을 까닭이 있을 리 없다.

나는 한일 양국이 더 친밀하고 또 평화로워서 오대주에도 모범이 되어 줄 것을 희망한다. 나는 결코 이토를 오해해서 죽인 것이 아니다. 내 목적을 달성할 기회를 만들기 위해 한 것이다. 이제라도 일본 천황이 내 주장을 듣는다면, 반드시 나를 가상히 여길 것이다.

오늘 이후 일본 천황의 뜻에 따라 한국에 대한 정책을 개선한다면, 한일 간의 평화는 영원히 유지될 것이다. 나는 그렇게 되기를 희망한다.

모든 인간은 법에 따라 생활하는데, 현실에서 사람을 죽인 자가 벌을 받지 않고 살아남을 도리는 없다. 그렇다면 나는 어떤 법에 따라 처벌되어야 하는가의 문제가 남아 있다. 이에 대해 나는 한국의 의병이며, 지금은 적군의 포로가 돼 있으니, 당연히 만국공법에 따라 처리돼야 할 것으로 생각한다.

다시 한 번 강조한다. 내가 이토를 죽인 이유는, 이토가 살아 있는 한 동양 평화는 계속 어지러울 것이고 한국과 일본은 서로 증오할 것이기에, 한국의 의병 중장 자격으로 처단한 것이다. 그러니 나를 적국인 일본의 포로로 인정해야 하며, 만국공법에 따라 재판해야 한다. 내 바람은 앞으로 한국과 일본이 더 친밀해지고 평화로운 사이가 되어, 세계만방에 모범이 되기를 희망한다."

내 말이 끝났는데도 방청석에 있는 사람들은 찬물을 끼얹은 듯 조용했다. 마나베 재판장은 당황스러운 듯 14일에 선고할 것이라며 급히 폐정을 선언했다.

나는 감옥으로 돌아와 그동안의 재판 과정들을 하나하나 되짚어 보았다. 이제 이틀 후면 일본 4,700만 인구의 인격을 알아볼 수 있을 것이다. 나는 일본인의 인격이 무거운지 가벼운지, 높은지 낮은지를 판가름할 날을 담담히 기다렸다.

2월 14일, 마지막 공판이 열렸다. 지바 도시치가 정중하게 나를 경호했다. 일본은 나를 법정까지 태워가고 태워올 마차도 특별히 주문했다고 지바 도시치가 말한 적이 있었다. 나는 마차 안에서 말발굽 소리를 들으며 겉과 속이 다른 일본인의 이중성을 생각했다. 겉으로는 모든 절차를 공정하고 올바르게 진행하는 듯이 보였지만, 속으로는 철저하게 인권을 짓밟는 자들이 일본인이었다. 그 대표적인 인물이 바로 이토였다.

'일본은 이 재판도 대외적으로는 공정하게 보이도록 만들었지만, 근본적으로는 미리 짜놓은 각본대로 사기극을 하고 있지 않은가.'

법정에 도착했다. 방청객들이 법정을 가득 채웠다. 거의 다 일본 사람이었고, 서양인 기자들도 몇 명 눈에 띄었다. 중국인 취재진도 많은 것 같았다.

오전 10시, 관동도독부 1호 법정에 재판장 마나베 주조, 검찰관 미조부치 타카오, 서기 와타나베 모이치가 자리를 잡았다.

재판장 마나베 주조가 선고문을 읽었다.

"한국 평안도 진남포, 직업은 무직, 나이는 서른두 살, 안응칠이라 하는 안중근. 한국 한성 도성, 동대문 내 양사동 연초상, 서른네 살, 우연준이라 하는 우덕순. 한국 함경남도 홍원군 경포면, 세탁업, 서른여덟 살, 조도선. 한국 함경남도 원산, 무직, 열아홉 살, 유강로라 하는 유동하. 이 네 명에 대한 살인 사건에 관해, 본 법원은 심리를 마치고 다음과 같이 판결한다."

재판장의 말을 소노키가 통역했다. 재판정이 찬물을 끼얹은 듯 숨소리조차 들리지 않았다. 재판장의 선고가 다시 이어졌다.

"피고 안중근을 사형에 처한다. 피고 우덕순을 징역 3년에 처한다. 피고 조도선과 유동하를 각각 징역 1년 6월에 처한다. 압수물 중 피고 안중근의 소유이던 권총 1정, 사용하지 않은 탄환 1발, 탄창 2개, 탄환 7발과 피고 우덕순의 소유이던 권총 1정은 몰수하고, 그 외의 것은 각 소유자에게 돌려주기로 한다."

재판장은 선고하고 나서 잠시 법정을 둘러본 후 선고 이유를 말했다.

"피고가 이토 공을 살해한 행위는 그 결의가 개인적인 원한에서 나온 것이 아니라고 하더라도 치밀한 계획 끝에 감행한 것이므로, 살인죄라는 극형을 과하는 것이 지당하다고 믿고 피고 안중근을 사형에 처한다."

재판장은 이 판결에 대해 5일 이내에 항소할 수 있다고 통보하고 재판정을 나갔다. 내가 예상한 대로였다. 이 재판은 일본이 어떻게든 나를 죽이려고 작정한 재판이었다.

'예로부터 수많은 충의로운 사람들이 죽음으로 일을 마치고, 충성으로 간언하고 정책을 세운 것 중에서 훗날 맞지 않은 것이 없었다. 내가 동양의 대세를 걱정하여 정성을 다하고, 몸을 바쳤지만 끝내 허사로 돌아가니 안타까워한들 아무 소용이 없다. 하지만 일본의 4,700만 인구가 안중근의 날을 크게 외칠 날이 머지않아 올 것이다.

동양의 평화가 이렇게 깨어지고 말았으니 백 년 비바람이 어느 날에나 그칠까? 지금의 일본 당국자에게 조금이라도 지식이 있다면, 이런 정책은 절대로 쓰지 않을 것이다. 더구나 염치가 있고 공정한 마음이 있다면, 어떻게 이렇게 행동했겠는가?

지난 1895년에 한국에 와 있던 일본 공사 미우라 고로가 군인을 이끌고 대궐에 침입하여 명성황후 민 씨를 시해했다. 그때 일본 정부는 미우라에게 아무런 처벌도 내리지 않고 석방했다. 그 이유는 그러한 짓을 시킨 자가 분명히 있었기 때문이었다. 그런데 오늘의 판결을 보면, 가령 개인 간의 살인죄라 할지라도 미우라 고로의 죄와 내 죄 중에서 어느 것이 무겁고 어느 것이 가벼운가? 참으로 머리가 부서지고 쓸개가 찢어질 일이다. 내게 무슨 죄가 있단 말인가? 내가 무슨 잘못을 저질렀단 말인가?'

정의가 사라진 재판에 대해 수없이 생각하다가 문득 크게 깨달았다. 나는 손뼉을 치며 웃었다.

'나는 정말 큰 죄인이다. 내 죄는 다른 죄가 아니라, 어질고 약한 한국 백성으로 태어난 죄이다.'

이렇게 생각하니 모든 의혹이 풀리고 마음도 안정되었다.

항소를 거부하다

2월 17일, 사형 선고를 받은 지 사흘 후였다. 나는 항소 여부를 결정하기 전에 히라이시 요시토 고등법원장에게 면담을 요청했다. 히라이시 고등법원장은 내 청을 받아들여 통역해줄 소노키와 함께 나를 만나 주었다.

내가 항소한다면 이제 고등법원에서 2심을 받아야 했다. 그러나 나는 절대로 항소하지 않을 것이다. 그 대신 고등법원장 히라이시에게 내가 왜 항소하지 않는지, 또 1심인 뤼순 지방법원의 판결이 왜 부당한지 하나하나 반박하고 싶었다. 그래서 히라이시에게 조목조목 말했다.

"나는 원래 이토 히로부미를 만난 적도 없다. 공판에서 말한 대로 나는 오직 나라를 위해서 한 일이지, 결코 개인 자격으로 한 것이 아니다. 그러므로 이 사건을 일반 사건으로 심리한 것에 대해 불만이다.

다시 말하지만, 일본과 한국 간의 을사5조약과 정미7조약은 한국 황제를 비롯해 한국 백성의 자유의사로 체결된 조약이 아니다. 일본이 강제로 맺은 조약이다. 그래서 우리는 의병을 일으켜 반대하였고, 이토 히로부미를 죽인 것이다. 만일 내가 이 재판을 그대로 받아들인다면, 불법으로 맺어진 조약에 동의하는 것과 같아 이 점도 불만이다.

내가 한국의 의병 중장이라는 것은 일본도 인정하고 있다. 일본 군대와 경찰도 안응칠이란 자가 함경북도와 러시아 경내에서 한국 의병으로 전투한 것을 인정한다. 이번 행동도 의병 중장 자격으로 한 것이니, 일본은 나를 포로로 취급하는 것이 마땅하다. 그러니 나에게 만국공법을 적용해야 하는데, 보통 재판소인 뤼순 지방법원에서 심리하고 판결한 것은 매우 부당하다. 설사 내가 이 재판을 받아들인다 해도, 일본은 법질서가 없는 야만국가로 국제적인 조소를 받게 될 것이다.

이토 히로부미는 통감으로 한국에 부임했을 때, 스스로 한국을 위해 일하겠다는 성명을 발표했다. 그러나 이는 외국에 보이려는 인사치레에 불과했고 진실은 정반대였다. 을사늑약을 이토와 맺은 한국의 이완용 무리를 한국인은 개만도 못한 놈들이라고 입에 담는 것조차 싫어한다. 당연히 이토 히로부미도 원수로 생각한다. 이토 히로부미는 한국 통감에서 물러난 후에도 사사건건 대한제국의 정사를 일본에 유리하게 조종했다. 이토는 한국의 광무 황제가 총명해 자기 마음대로 황제를 조종할 수 없자 일부러 폐위시키고, 병약한 지금의 황제를 내세웠다. 이토는 한국인이 행복하고 만족한다고 세계에 선전하고 있으나, 눈을 바로 가진 자는 진실을 보고 있다.

한국인은 원래 다른 나라를 침략한 일이 없다. 이토 히로부미는 선량한 한국을 침략하고, 자기 뜻대로 움직이기 위해 재능 있는 한국인을 모조리 살해했다. 이런 자가 생존하는 한 동양의 평화는 무너질 것이기에 내가 나서서 이토를 제거했을 뿐, 결코 사사롭게 한 것이 아니다.

여러 번 주장했듯이, 러일전쟁 개전 당시 일본 황제는 선전 조칙에서 한국의 독립을 공고히 한다고 했다. 또 을사5조약에도 그렇게 쓰여 있지 않은가. 그런데도 이토 히로부미는 한국의 군부와 사법권을 수중에 넣고, 이제는 행정권까지 탈취하려 했다. 이런 짓을 하면서 어떻게 한국의 독립을 운운할 수가 있는가. 한국 황실의 존엄을 보전한다는 약속도 말뿐이었다.

러일전쟁으로 수많은 일본 청년이 생명을 잃었고, 5조약 성립 때도 많은 한국인이 죽었다. 이런 불행은 이토 히로부미의 잘못된 정책으로 발생한 것이다. 이토를 20세기 영웅이며 위대한 인물이라고 칭찬하는 자들이 있는데, 내가 보기에 이토는 소인에 지나지 않는 간악하기 짝이 없는 자일 뿐이다.

이토 히로부미는 궁지에 몰린 일본의 재정을 청과 한국 두 나라에서 해결하려고 하니, 그것도 크게 잘못되었다. 그 누구도 이토의 그런 정책을 옳다고 생각하지 않는다. 한국인은 물론이고 러시아, 청나라, 미국 등 세계 각국이 모두 일본을 응징하려고 기다리고 있다. 이런 잘못된 정책을 바로잡지 않으면, 일본은 세계 각국으로부터 동양 평화를 문란케 하고, 파괴한 책임을 지게 될 것이다.

나는 그처럼 평화를 해치는 자를 제거했는데, 어째서 무거운 처벌을 받아야 하는가. 큰 도적은 용서하면서 작은 도적을 엄벌하면 사람들은 부당하다고 생각할 것이다.

잘못을 바로잡기를 서슴지 말라는 금언이 있지 않은가. 내가 만일 일본 사람이라면, 지금 일본이 어떤 정책을 취해야 하는지에 대해서도 의견이 있다.

지금까지 나는 이번의 내 거사가 죄가 되지 않는 이유를 말했다."

내가 길지만 내 주장을 확고하게 펼치자, 히라이시가 깊은 관심을 보이며 물었다.

"피고는 일본과 한국에 관해 어떤 정책을 생각하고 있는가?"

나는 오랫동안 동양 평화를 위해 어떻게 하는 것이 바람직한지 깊이 생각해온 바를 히라이시에게 설명했다.

"내 의견과 품고 있는 정책을 말하겠다. 어제오늘 생각한 것이 아니라, 몇 해 동안 가슴에 품고 생각에 생각을 거듭한 것이다. 내가 이제부터 말하는 정책을 만일 일본이 실행만 한다면, 일본은 태산같이 안정되고 세계 각국으로부터 큰 명예를 얻게 될 것이다. 패권을 잡으려면 비상한 방법을 써야 하는데, 일본이 취해온 정책은 20세기에는 모자라기 짝이 없는 방법이다.

일본은 이전에 외국에서 써 왔던 수법을 흉내만 내고 있다. 바로 약한 나라를 병탄하는 수법이다. 이런 방법으로는 패권을 잡지 못한다. 일본은 일등국으로서 세계의 열강과 어깨를 나란히 하고 있다고 여기지만, 일본은 성질이 급해서 빨리 망하는 결함이 있다.

일본이 해야 할 가장 급한 일은 재정을 정리하는 것이다. 재정이란 사람으로 치면 건강이다. 재정을 길러 나라를 건강하게 하는 일이 급선무이다.

둘째는 세계 각국의 신용을 얻는 일이다. 오늘날 일본은 세계열강의 신용을 얻지 못 하고 있다.

셋째는 세계 각국이 일본의 약점을 노리고 있으니, 이에 대비하는 연구를 해야 한다.

이 세 가지 일을 완전하게 하는 방법은 그리 어렵지 않다. 전쟁도 필요치 않다. 그렇게 하기 위해선 오직 마음을 바로 잡는 일이 필요할 뿐이다. 그 첫 번째가 이토 히로부미의 정책을 고치는 일이다.

이토 히로부미의 정책은 전 세계에서 신용을 잃었다. 5조약이나 7조약 같은 것은 승복보다는 반항을 일으킨다. 얻는 것이 조금도 없다. 한국, 청나라, 그리고 일본은 형제의 나라와 같으니 다른 나라들보다 서로 친하게 지내야 한다. 그러나 오늘날 형제의 사이는 나쁠 뿐이며, 서로 돕는 모습보다는 불화만을 세계에 알리고 있다.

일본이 지금까지 해온 정책을 고치겠다고 세계에 발표하는 것은, 일본으로서는 다소 치욕스러울 수 있다. 하지만 이는 불가피한 일이다.

새로운 정책은 뤼순을 개방하여 일본, 청나라, 그리고 한국이 공동으로 관리하는 군항으로 만들고, 세 나라에서 대표를 파견해 평화회의를 조직한 뒤 이를 공표하는 것이다. 이것은 일본이 다른 나라를 침략할 야심이 없다는 것을 외부에 보이는 일이다. 뤼순을 일단 청나라에 돌려주고, 그것을 평화의 근거로 삼는 것이 가장 현명한 방법이라고 생각한다. 패권을 잡기 위해 필요한 비상한 수단이 바로 뤼순의 반환이다. 일본에는 고통스럽겠지만, 결과는 오히려 이익을 얻을 것이며, 세계 각국이 일본의 결단에 놀라고 칭찬하며 신뢰하게 될 것이다.

재정 확보에 관해서 말하자면, 뤼순에 동양평화회의를 조직하여 회원을 모집하고, 회원 한 명당 회비로 1원씩 모금하는 것이다. 일본, 청나라, 그리고 한국의 백성 등 수억 명이 이에 가입하리라는 것은 의심할 여지가 없다. 은행을 설립하고 각국이 함께 사용할 화폐를 발행하면, 신용이 생기므로 금융은 자연히 원만해질 것이다. 중요한 곳에 평화회의 지부를 두고 은행의 지점도 함께 두면, 일본의 재정은 완전해질 것이다.

뤼순의 평화 유지를 위해서는 일본 군함 5, 6척만 상주시키면 된다. 뤼순을 청나라에 돌려주지만, 일본을 지키는 데는 걱정이 없음을 다른 나라에 보여주는 것과 다름이 없을 것이다.

한국, 청나라, 일본이 협조하여 범태평양권을 구성해야 한다. 일본을 노리는 열강에 대응하기 위해서는 무장하지 않을 수 없다. 이 문제에 대해서는 일본, 청나라, 그리고 한국 세 나라가 각각 대표를 파견하여야 한다. 세 나라의 건장한 청년들로 군단을 편성하고, 이들에게는 두 나라 이상의 말을 배우게 하여, 우방 또는 형제의 관념을 가지게 해야 한다. 일본의 태도가 이러한 것을 세계에 보여주면, 세계는 일본을 존경하고 경의를 표할 것이다.

이렇게 하면 비록 일본에 대해 야심이 있는 나라가 있다고 해도, 기회를 얻기 어려울 것이다. 일본은 수출도 많이 늘어나게 되고, 재정도 풍부해져서, 태산과 같은 안정을 얻을 것이다. 청과 한국은 일본의 지도로 상공업의 발전을 도모할 것이며, 함께 행복을 누리고, 세계에 모범을 보여줄 수 있게 된다. 따라서 패권이라는 말도 의미가 없을 것이며, 만주철도 문제로 생기는 분쟁 따위는 꿈에도 나타날 수 없을 것이다. 인도, 태국, 베트남 등 아시아 각국이 스스로 이 회의에 가맹하게 되어, 일본은 싸움 없이도 동양의 주인공이 되는 것이다.

한 가지, 일본이 개탄할 만한 일이 있다. 러일전쟁 당시 '일출노소'라고 하여, 일본은 뜨는 나라이고 러시아는 사라진다는 말이 있었듯이 일본의 전성시대였다. 그러나 오늘에는 '일냉일이' 일본은 날로 차가워지고 날로 달라지고 있다. 이것은 일본이 쇠망의 길을 걷고 있음을 말하는 것이다. 일본이 조심스럽게 주의를 기울이지 않으면, 회복할 수 없는 어려움에 빠지게 될 것이므로, 이 점을 일본 당국은 반성해야 할 것이다.

나는 처음부터 목숨을 걸고 국가를 위해 싸울 뜻을 지녔으니, 이제 와서 죽음을 두려워하며 항소하지는 않겠다. 다만 옥중에서 《동양평화론》과 내 전기를 쓰는 것을 완성하고 싶다. 또 빌렘 신부가 나를 만나기 위해 온다 하니 그를 만나고 싶다. 그러니 내 사형은 3월

25일에 집행해 주기 바란다."

나는 이미 《동양평화론》의 내용을 어떻게 펼쳐나갈지 마음속으로 구상해 놓았기 때문에, 하나하나 마치 이미 써놓은 《동양평화론》을 읽어나가듯 명확하게 내 생각을 이야기했다. 히라이시는 내 말을 경청하며 여러 번 고개를 끄덕였다. 그것은 내가 주장하는 동양평화론에 공감한다는 표시였다. 히라이시가 잠시 생각을 고르는 듯하더니 내게 말했다.

"피고는 그렇게 주장하지만, 법원은 피고를 살인범으로 취급하지 않을 수 없다. 피고의 주장이 통하도록 배려할 수도, 그 주장을 받아들이는 특별한 절차도 밟을 수 없다. 이를 양해해 주기 바란다."

나는 히라이시의 말에 고개를 끄덕였다.

'일본에서 이미 나를 죽이기로 작정한 재판을 히라이시가 무슨 수로 되돌릴 수 있겠는가.'

히라이시가 다시 말했다.

"내가 그대를 깊이 동정하지만, 정부 기관이 하는 일을 어찌할 수 있겠는가? 그러나 그대의 의견은 정부에 올려 보겠다."

내게는 히라이시의 말이 진심에서 우러나오는 것으로 들렸다.

나는 히라이시에게 정중하게 요청했다.

"가능하다면, 《동양평화론》의 완성을 위해, 사형 집행 날짜를 한 달 정도만 연기해 주길 바란다."

히라이시는 흔쾌히 대답했다.

"어찌 한 달뿐이겠는가? 몇 달이 걸리더라도 특별히 허가할 것이니, 염려하지 마라."

나는 히라이시의 말이 고마웠다. 그래서 그에게 시를 한 수 지어 주었다.

천지가 뒤집힘이여
지사가 개탄하도다
큰집이 장차 기울어짐이여
한 가지 나무로 지탱하기 어렵도다

내 시문을 받은 히라이시는 감격스러운 표정으로 답례하고 돌아갔다. 히라이시와는 무려 3시간이나 대담하였다.

미완의 《동양평화론》

항소를 포기하고 며칠이 흘렀다. 두 동생이 나에게 찾아와 어머니의 뜻을 전했다. 어머니가 하신 말씀을 듣는 순간, 나도 눈시울이 붉어지고 목울대가 콱 막혔다.

아들아.
네가 만약 늙은 어미보다 먼저 죽은 것을 불효라 생각한다면
이 어미는 웃음거리가 될 것이다.
네 죽음은 한 사람의 것이 아니라,
한국인 전체의 공분을 짊어진 것이다.
네가 항소를 한다면,
그것은 일제에 목숨을 구걸하는 짓이다.
네가 나라를 위해 여기까지 이르렀으니,
딴 맘 먹지 말고 죽으라.
여기 네 수의를 보내니 이 옷을 입고 가거라.
다음 세상에는 반드시 선량한 천부의 아들이 되어,

이 세상에 나오너라.

　어머니의 뜻은 내 마음과 같았다. 나는 어머니를 마주 대한 듯 뜨거운 눈물이 솟구쳤지만, 담대한 아들의 모습을 보여주기 위해 울음을 삼키며, 침착하게 어머니의 뜻을 받들었다.
　두 동생이 눈물을 흘렸다. 함께 온 안병찬 변호사가 떨리는 목소리로 말했다.
　"참으로 원통한 일입니다. 법정에서 속절없이 사형 선고하는 것을 지켜보자니 분통이 터졌습니다. 이 재판은 엉터리 재판입니다. 일본인들이 국제법을 무시하고 자기들 맘대로……."
　안병찬 변호사가 끝내 말을 잇지 못했다.
　"진정하십시오. 저는 이미 각오하고 있었습니다."
　나는 안병찬 변호사를 위로했다. 안 변호사가 말했다.
　"일본의 꼭두각시놀음을 지켜만 봐야 했으니. 더글러스 변호사나 미하일로프 변호사도 나와 같은 심정이었을 겁니다. 영국의 찰스 모리머 기자가 이 재판을 한마디로 정리해 보도했습니다. '마침내 안중근은 영웅의 왕관을 손에 들고 늠름하게 법정을 떠났다.'라고요. 파란 눈의 외국 기자도 이 재판이 조작되었다는 걸 알았을 테니까요. 사형 선고를 받은 그대가 영웅의 왕관을 들었다고 했으니, 이 한 줄로 일본의 엉터리 재판을 비웃은 거지요."
　나는 안병찬 변호사의 말을 듣고 입술을 굳게 깨물었다. 태어나서 지금까지 하루하루를 소홀히 살지 않았지만, 이제는 남은 날들이 더없이 소중했다. 사형을 받아들이기로 작정했기에 안병찬 변호사에게 한국 백성에게 남길 말을 전했다.

"변호사님, 제 말을 기억했다가 우리 백성에게 꼭 전해주십시오."

안병찬 변호사가 나에게 말했다.

"항소해야 합니다. 이대로 포기해선 안 됩니다."

나는 천천히 고개를 저었다.

"재판을 다 지켜 보고도 그러십니까? 항소 역시 일본의 사법권 내에서 이루어질 것이니, 결론은 보지 않아도 뻔합니다. 내가 이토를 오해해서 죽였다는 말을 얻으려는 목적 말고 무엇이 있겠습니까. 그러니 일본에게 구차하게 목숨을 구걸할 생각은 추호도 없습니다. 어서 내 마지막 부탁을 적어 주세요."

안병찬이 비통한 마음으로 내 말을 받아 적었다.

동포에게 고함

내가 한국 독립을 회복하고 동양 평화를 유지하기 위하여 3년 동안을 국외에서 모진 고생하다가 마침내 그 목적을 이루지 못하고 이곳에서 죽는다. 우리 이천만 형제자매는 각각 스스로 분발하여 학문에 힘쓰고, 산업을 진흥하며, 내가 남긴 뜻을 이어 자유독립을 회복한다면 죽는 자로서 유한이 없을 것이다.

항소를 포기한 후부터 뤼순 감옥의 관리들이 내 친필을 받아 기념으로 간직하고 싶다면서, 비단과 종이 수백 장을 넣어주고 글씨를 써 달라고 부탁했다. 나는 글씨를 청하는 사람들의 간곡한 부탁을 외면할 수가 없었다.

'왜 내 글씨를 받고 싶어하는 걸까.'

나는 글씨를 써주면서 내 정신과 평화 사상을 남기고 싶었다. 내가 명필이라서가 아니었다. 한 글자 한 글자에 내가 정당한 재판을 받지 못하고 세상을 하직하는 절박함을 담았다. 한 인간으로 내 삶에 최선을 다해 살았다는 뜻을 붓끝에 담았다. 내가 쓴 글씨는 내 혼이며, 내 사상이며, 내 정신이 배어 있었다.

하루라도 책을 읽지 않으면 입안에 가시가 돋는다.
一日不讀書口中生荊棘

나는 독서를 중요하게 여겼다. 책을 통하여 올바른 인생관을 정립하고, 동서양의 올바른 사상을 배웠기 때문에 그 글을 써 주었다.

국가의 안위를 걱정하며 애태운다.
國家安危勞心焦思

이 글엔 내 나라에 대한 내 충정을 담아냈다.

고귀한 뜻을 가진 사람은 옳은 일을 위해 목숨을 건다.
志士仁人殺身成仁

나는 이 글로 내 조국에 대한 충정을 표현했다.
동양 평화를 항시 생각하는 마음을 담아서도 글을 써 주었다.

동양의 대세를 생각하니 아득하고 어둡다. 뜻있는 사나이가 어찌 편안하게 잠을 잘 수 있겠는가. 아직도 평화의 시국을 이루지 못하니 원통하고 슬프다. 일본이 침략정책을 버리지 못하니 오히려 불쌍하다.
東洋大勢思杳玄 有志男兒 豈安眠和局未成猶慷慨政 略不改眞可憐

내 글을 받고 싶어 하는 사람들이 많아 거의 200여 점의 글귀를 쓴 듯하다. 감옥에 수인으로 있는 처지라 사서삼경이나 경서들이 내 곁에 있는 것도 아니었다. 그저 내 머릿속에 들어 있는 문자들을 꺼내어 시를 짓는 마음으로, 한 자 한 자 정성을 다해 썼다.

감옥 생활을 하는 동안 나에게 가장 많은 친절을 베푼 부장 아오키와 간수 다나카는 마치 형제처럼 정이 들었다. 그들에게도 글씨 여러 점을 써 주었다.

1910년 3월 8일 오후 1시 50분, 빌렘 신부가 나를 면회하기 위해 뤼순 감옥으로 왔다. 빌렘 신부를 만나니 얼마나 기쁜지 몰랐다.

"신부님, 이렇게 뵐 수 있어서 정말 기쁩니다. 와 주셔서 정말 감사합니다."

"도마야, 여기까지 오는데 많은 걸림돌이 있었다. 뮈텔 주교는 끝까지 반대하며 허락지 않으셨다. 하지만 나는 너를 이대로 보내서는 안 되겠기에 주교의 허락 없이 너를 찾아왔다."

빌렘 신부의 말을 들으니 가슴이 뜨거워졌다.

"고맙습니다. 신부님."

예전 해주에 있을 때 빌렘 신부에게서 영세를 받고 친하게 지냈는데, 감옥에 찾아온 신부를 보니 그동안의 일들이 꿈만 같았다.

다음 날 뤼순 감옥 2층 면회실에서 나는 빌렘 신부에게 고해성사했다. 형무소장과 통역, 감리와 간수 한 명이 자리에 있었다. 빌렘 신부는 고해성사를 집전하기 전에 교회법을 말하면서 그들에게 자리를 비켜달라고 했다. 그러나 감옥에서는 이를 허락하지 않았다.

나는 삿갓으로 얼굴을 가린 채, 전날 밤에 스무 장 정도 쓴 참회 내용을 빌렘 신부의 귀에 대고, 20여 분간 고백했다. 실로 오랜만에 하는 고해성사였다. 게다가 다시는 할 수 없는, 내 생애 마지막 성스러운 행위였다. 나는 고해를 다 마치고 나서 빌렘 신부에게 말했다.

"신부님, 이제 아무것도 참회할 내용이 없습니다."

빌렘 신부는 감격스러운 얼굴로 내게 말했다.

"안 도마, 이렇게 빈틈없이 준비하여 성사하는 것은 내게 처음 있는 일이다. 이제 너는 갓난아이처럼 깨끗한 몸이 되었다."

나도 고해성사를 마치고 나니 마음에 조금의 거리낌도 없었다.

3월 10일에 빌렘 신부는 뤼순 감옥에서 미사를 집전하고, 나에게 영성체를 하게 했다. 비로소 완전한 구원의 길이 나에게 열리는 것 같았다. 나는 빌렘 신부에게 부탁했다.

"한복을 입고 천주님을 만나 뵙고 싶습니다. 어머님께 한복을 보내 달라고 전해 주세요."

빌렘 신부가 고개를 끄덕이며 물었다.

"날마다 네가 중요한 책을 쓴다고 들었다. 무슨 내용인지 내게 말해줄 수 있느냐?"

"제가 오래전부터 구상하고 연구한 《동양평화론》입니다."

빌렘 신부가 그윽한 눈으로 나를 바라보더니 고개를 끄덕이며 말했다.

"네가 바라는 대로 잘 끝마치기를 기도해 주겠다."

"고맙습니다. 신부님."

다음 날인 3월 11일에 빌렘 신부가 다시 찾아왔다.

"나는 오늘 한국으로 돌아가야 한다. 이제 작별인사를 나누자."

빌렘 신부는 내 손을 잡고 "인자하신 천주님께서는 너를 버리지 않을 것이다. 반드시 너를 거두어 주실 것이니 안심하여라." 하고 말한 후, 손을 들어 나에게 강복을 내려주고 떠났다.

나는 짬짬이 쓰다가 중단했던 《안응칠 역사》를 3월 15일에 모두 마무리 지었다. 《안응칠 역사》는 일본 사람도 다 읽을 것이기 때문에, 많은 부분을 숨기고 써야 했다. 특히 내 글 때문에 일본에 피해를 받거나 불이익을 당할 듯한 내용은 마음속 깊이 써두었을 뿐 내 책에는 기록하지 못했다.

그 후부터는 사형일을 연기해 주겠다는 히라이시의 약속을 믿고 《동양평화론》 집필에 마음을 쏟았다. 먼저 서문과 전감(前鑑), 현상(現狀), 복선(伏線), 문답(問答)의 형식으로 쓰기 위해 목차를 분류하였다. 나는 '합하면 성공하고 흩어지면 패한다는 만고의 정한 이치(合成散敗 萬古定理)'라는 말로 서문을 시작했다. 약육강식과 적자생존의 논리 속에서, 서구 열강이 약소국을 제물로 삼는 이 시대의 상황과, 같은 인종끼리 전쟁이란 폭력을 통해 패권을 장악하려는 일본의 침략 전쟁을 통렬하게 비판했다.

히라이시에게 이야기했던 대강의 구도와 주장 대로, 인간 존중과 인류의 공동 번영을 목표로 삼고 내 주장을 펼쳐 나갔다.

전감은 다섯 항목으로 나누었다. 첫째, 청일전쟁의 성격 규명. 둘째, 제정러시아의 극동정책과 일본의 과실 문제. 셋째, 러일전쟁의 원인과 당시 서구열강의 태도, 그리고 한국의 입장. 넷째, 러일조약을 미국의 영토인 포츠머스에서 체결한 것의 부당성 지적. 그리고 마지막으로 일본의 대륙 침략에 대한 우려 표명이다.

나는 일본이 어떤 경로를 통해 오늘에 이르렀는지를 주의 깊게 검토했다. 청일전쟁은 분명히 한반도를 일본의 영토로 확보하려는 전쟁이었다. 일본은 청나라를 기습적으로 공격하여 승기를 잡은 후, 곧바로 한국을 보호국으로 삼으려고 했다.

한국은 미국에게 일본의 야욕을 설명하며 일본을 제지해 달라고 요청했다. 그 결과 일본은 한국의 보호국이 되려던 욕심을 이룰 수 없게 되었다. 그 후 일본은 시모노세키조약을 통해, 랴오둥 반도를 전리품으로 할양받았다. 하지만 러시아와 프랑스, 독일 등이 반발해 닷새 만에 랴오둥 반도를 포기해야 했다.

일본의 메이지 정부는 열강들을 상대로 불평등한 조약을 개정하고 싶어 했다. 일본은 오키나와와 대만을 얻었고, 청일전쟁은 요시다 쇼인이 주장한 정한론을 펼쳐나가는 첫 시도로 볼 수 있었다. 일본의 야욕은 구미 열강을 자극하는 결과를 낳았다.

랴오둥 반도를 포기한 일본은, 조선 궁궐에 무자비하게 들어와 황후를 살해하는 끔찍한 일을 저질렀다. 이 일이 만천하에 드러나자 일본은 국제적인 비난을 받게 되었다. 하지만 일본은 멈추지 않았다. 대만을 완전히 식민지로 삼은 후, 다시 한국을 지배하기 위해 정한론을 확대했다.

중국에서 의화단 사건이 일어났을 때, 일본은 수많은 병력을 보내 연합군과 합류하면서 자국의 군대를 극동의 헌병이라 주장했다. 일본의 이런 행동은 구미 열강엔 도전으로 보였다. 인명을 가볍게 여기며 총칼을 앞세운 정책은 일시적으로는 승리를 가져다줄지 모르지만, 그만큼 적도 많이 만들었다.

러시아도 청의 의화단 사건을 진압하고 동청철도를 부설하면서 하얼빈을 조차지로 얻었다. 또 다롄에는 군사기지를 설치하게 되었다. 그러자 일본은 러시아에 큰 위협을 느끼고 영국과 우호조약을 맺었다.

그 후 일본은 뤼순을 공격하며 러시아에 전쟁을 선포했다. 하지만 전쟁을 치를 돈이 부족했다. 일본은 미국 루스벨트 대통령의 중개로, 영국의 대기업에서 외채를 얻어 무리하게 전쟁을 벌였다. 일본은 영국의 도움과 러시아 발트 함대의 부진으로 전쟁에서 승리했다.

러일전쟁은 끝났지만, 러시아는 전쟁 배상금을 낼 수 없다고 버텼다. 일본은 전쟁 배상금을 받지 못하는 대신, 한반도에 관한 배타적 지배권을 얻어냈다. 이를 근거로 대한제국 고종 황제에게 외교권의 할양을 요구했고, 결국 을사늑약으로 한국을 일본의 보호국으로 삼은 것이다.

나는 일본이 평화보다는 이웃 나라들을 침략하는 제국주의 흉내를 계속해서 내려 한다는 것을 파악했다. 앞으로도 이런 형태로 극동의 헌병 역할을 내세우며 평화를 속이면 안 된다는 점을 여러 이유와 근거를 들어 《동양평화론》에서 차근차근 설명해 나갔다.

나는 31년을 살아오면서 늘 생각해왔던 평화사상을 모두 책에 담아내고 싶었다. 하루하루 글을 쓰면서 《동양평화론》을 완성할 때까지 사형 집행을 미뤄 주겠다고 했던 히라이시의 약속을 조금도 의심하지 않았다.

그러나 일본인의 약속을 믿은 내게 잘못이 있었을까. 《동양평화론》을 쓰기 시작한 지 고작 열흘 만에 멈춰야 했다. 일본은 내가 요청한 사형일 연기를 허락하지 않은 것이다. 안타깝게도 나는 《동양평화론》의 완성은커녕, 고작 서문과 전감 부분만 겨우 쓰고 말았다.

이제 남은 삶을 모두 정리할 마지막 시간이 다가오고 있었다.

마지막 유언

3월 24일, 내 삶이 이틀밖에 남지 않았다.

'이대로 죽어야 하는 건가. 만국공법이 아닌 일본 법으로, 판사도, 변호사도, 방청인도, 모두 일본인인 일본 법정에서 선고받은 대로 죽어야 하는가.'

그러나 내 목숨을 일본에 구걸할 생각이 추호도 없었다. 진실은 언젠가는 밝혀지는 것이 세상의 이치이다. 정의는 절대 죽지 않으며 결코 묻히지 않는다. 나는 어머니의 말씀을 가슴에 새기며 떳떳한 죽음으로 세상을 마감하자고 마음을 추슬렀다.

나는 하고 싶은 말들을 담아 어머니와 아내와 빌렘 신부 등에게 편지를 썼다. 그 편지들은 내가 안중근이란 이름으로 살아서 쓴 마지막 유서였다.

먼저 어머니께는 불효를 저질러 죄송한 마음을 써내려갔다. 어머니가 나를 먼저 떠나보내고 슬퍼하다가 병이 날까 봐 걱정되었다. 그러나 어머니는 나보다도 강한 분이라 조금은 마음이 놓였다. 후일 천당에서 어머니를 기쁘게 만나 뵙고, 모든 정황을 말씀드리겠다고 쓰면서 스스로 위로를 받았다. 아무리 침착하려 해도 눈물이 자꾸만 비어져 나왔다.

나는 마음을 강하게 다잡으며, 아내에게는 주님의 명으로 이제 헤어지게 되었으나, 주님의 은혜로 천당에서 다시 만날 것이니 어머님께 효도를 다 하고 두 동생과 화목하며 아이 교육에 힘써달라고 부탁했다. 그리고 내 아들 분도를 신부로 키워 달라고 했다. 내 아들이 사제가 되어 많은 사람에게 평화와 영생을 주는 가교 역할을 할 수 있으면 좋겠다는 생각에서였다.

빌렘 신부에게는 감사의 마음을 전하고, 앞으로도 내 조국과 내 가족과 나를 잊지 말아 달라고 썼다.

사형 집행일 하루 전날인 3월 25일, 두 동생이 마지막으로 나를 면회하기 위해 찾아왔다. 동생들이 내게 수의를 주었다. 수의를 받아드니 어머님의 품속처럼 느껴져 그리움이 세찬 물결처럼 참을 수 없이 가슴으로 밀려왔다. 내가 수의를 얼굴에 대고 생각에 잠겨 있는 것을 보고 두 동생이 흐느꼈다.

"형님, 이제 어찌해야 좋습니까?"

나는 흐느끼는 동생들을 보니 가슴이 더 찢어졌다.

"진정해라. 나는 애초에 죽음을 각오하고 한 일이니 애석해 할 필요 없어."

"이렇게 형님과 헤어지면 다시는……."

나는 몇 번이나 마른 침을 삼키고 동생들에게 내가 쓴 편지들을 전했다. 그 자리에 소노키 통역관과 미즈노 변호사도 함께 있었다. 동생들은 차마 나와 눈을 마주보지 못하고 눈시울을 붉혔다. 나는 동생들에게 담담하게 말했다.

"너희는 앞으로 친척들과 의논해 가사를 정리하고, 내 아이들은 신부님과 의논해서 키워다오. 너희도 동양 평화와 한국 독립을 위해 끊임없이 힘써야 한다. 꼭 그래야 한다."

나는 동생들에게 거듭 당부했다. 나 역시 아무리 침착하려 해도 동생들의 얼굴을 마주 볼 수가 없었다.

그때 미즈노 변호사가 나를 위로했다.

"참으로 애석합니다."

나는 미즈노의 위로를 진심으로 받아들였다. 미즈노도 일본의 엉터리 재판을 알기에 하는 말이 아닐까.

끝으로 내 마지막 유언을 동생들에게 말했다.

"너희는 내 마지막 유언을 꼭 지켜주기 바란다. 내가 죽은 뒤에 내 뼈를 하얼빈 공원 곁에 묻어 두었다가, 우리나라가 주권을 되찾거든 고국으로 옮겨다오. 나는 천국에 가서도 또한 우리나라의 독립을 위해 힘쓸 것이다. 너희는 돌아가서 동포들에게 내 말을 전하거라. 각각 나라의 책임을 지고, 백성으로서 의무를 다하며, 마음을 같이하고 힘을 합하여 공로를 세우고 업을 이루라고 일러다오. 대한 독립의 소리가 천국에 들려오면, 나는 마땅히 춤추며 만세를 부를 것이다."

동생들은 내 유언을 듣고 눈물을 흘리며 말을 잇지 못했다.

"눈물을 그치고 어서 마음을 추스르거라. 어머님의 뜻을 생각해서라도 눈물을 보이면 안 되지 않겠느냐? 나는 대의를 위해 당당하게 목숨을 바치는 것이니 너무 슬퍼하지 말아라. 어머님이 나 때문에 슬퍼하실까 그것이 가장 염려가 되는구나. 부디 너희가 효도를 다해다오."

두 동생이 겨우 침착함을 되찾았다. 나는 동생들과 헤어져 감방으로 돌아와서 내 생애 마지막 밤을 보냈다.

'내가 뜻을 두고 목표한 것을 이루었으니, 무엇을 두려워하랴. 하늘에 계신 천주님께서 나를 지켜주실 것이니, 마지막 순간까지 의연함을 잃지 말자.'

밤이 깊어 갔지만 여러 가지 생각이 꼬리를 물었다.

'숨이 끊어지는 순간은 얼마나 고통스러울까. 의연한 모습으로 죽음을 맞이하고 싶은데, 과연 그럴 수 있을까. 사람은 누구나 태어나면 죽는다. 이것은 변할 수 없는 생로병사의 원칙이다. 다만 무엇을 하다가, 무엇을 남기고, 어떤 죽음을 맞느냐의 차이일 뿐이다. 나는 내 목적을 달성했으니, 기꺼이 죽음을 받아들이자. 세상의 모든 일은 마음먹기에 달려 있다고 하지 않는가. 나는 죽는 순간에도 당당하고 싶다.'

나는 눈을 감고 기도를 올렸다. 의연하게 죽음을 맞게 해 달라고 천주님께 빌었다.

이윽고 3월 26일 아침이 밝아왔다. 하늘은 잔뜩 흐렸고 봄비가 부슬

부슬 내렸다. 나는 빗방울을 바라보며 마음속으로 내 의지를 다졌다.

'나도 원래는 저 빗방울처럼 이 세상에 존재하지 않았다. 부모님의 몸을 빌려 세상에 태어나서 내가 뜻한 일을 했으니, 이제 원래대로 돌아가는 것이다. 의연하자. 초조한 모습을 보이지 말자.'

나는 주문처럼 속으로 되뇌었다. 지바 도시치는 모든 예를 다해 나를 대했다.

사형장으로 갈 시간이 다가오고 있었다. 밖에서 부동자세로 나를 지켜보고 서 있는 지바 도시치를 보니 문득 한 가지 생각이 떠올랐다.

"지바 씨, 며칠 전에 내게 글을 부탁했지요? 지금 쓰겠습니다. 지금밖에 시간이 없으니까요."

내 말에 지바 도시치가 깜짝 놀라 허리를 굽혔다. 지바는 황송해하며 급히 비단과 붓과 먹을 준비해왔다. 나는 자세를 바로잡고 붓에 먹물을 묻혀, 단숨에 써 내려갔다.

나라를 위하여 몸을 바치는 것이 군인의 본분이다.
爲國獻身 軍人本分

경술 3월 여순감옥에서 庚戌 三月 於旅順監獄中
대한국인 안중근 근배 大韓國人 安重根 謹拜

내 마지막 글씨가 비단에 배어들었다. 나는 붓을 놓은 다음, 약손가락 한 마디가 없는 왼손 손바닥에 먹물을 듬뿍 묻혀 손도장을 찍었다. 내가 쓴 글씨마다 찍은 내 왼손 도장은 낙관이 되었다. 지바 도시치는 글씨를 받으며 허리를 굽혀 정중하게 절을 했다. 나도 지바 도시치에게 온 마음을 다해 인사했다. 살아서 마지막으로 하는 감사인 사였다.

"그동안 내게 친절하게 대해 주셔서 진심으로 감사합니다. 동양에 평화가 찾아오고 한국과 일본 간에 우호가 회복되는 날, 다시 태어나서 만나고 싶습니다."

지바 도시치는 눈자위가 붉어진 채 합장하며 흐느껴 울었다.

나는 먹물이 묻은 손을 씻고, 어머님이 보내주신 옷으로 갈아입었다. 하얀 두루마기를 옷 위에 입으니, 이제 천주님을 만나러 가기 위한 마지막 성장을 차려입은 느낌이 들었다. 지바 도시치는 차마 나를 사형장으로 인도할 수가 없다고, 벽에 머리를 찧으며 울부짖었다.

나는 144일 동안 머물던 감방 안에서 한 발짝 한 발짝 발로 땅에 입을 맞추듯 방 안을 걸었다. 그리고 곧바로 간수들에게 이끌려 사형장으로 가는 마차에 올랐다. 나는 혹시라도 발걸음이 흔들릴까 봐 초연한 모습으로 사람들을 대했다.

부슬부슬 비가 내려 축축한 공기가 폐로 들어왔다. 내가 세상과 작별하고 싶었던 날은 하루 전날인 3월 25일이었다. 이날은 순종황제의 탄신일이기도 했다. 그러나 일본은 하루 뒤인 오늘 3월 26일을 내 사형일로 택했다.

드디어 사형장에 도착했다. 마차에서 내리니 구리하라 형무소장,

미조부치 검찰관, 소노키 통역관 등, 여러 사람이 사형장에 죽 늘어서 있었다. 나는 간수가 이끄는 대로 교수대에 올라가 미리 놓아둔 의자에 앉았다. 이승에서 마지막으로 앉아보는 의자였다. 그러나 나를 죽음으로 이끄는 의자이기도 했다. 나는 두 손을 가지런하게 모았다. 내 마지막 모습을 찍으려고 사진사가 플래시를 터뜨렸다.

구리하라 형무소장이 사형 집행문을 낭독하고, 나에게 최후의 유언을 하라고 했다. 나는 차분한 목소리로 대답했다.

"아무것도 남길 유언은 없다. 내가 이토 히로부미를 처단한 것은 동양 평화를 위한 것이니, 내가 죽은 후라도 한일 양국은 동양 평화를 위해 협력하길 바란다. 자, 나와 함께 동양 평화를 위하여 기도하고 만세 삼창을 하자."

형무소장이 사무적 어투로 짧게 말했다.

"만세 삼창은 불가하다. 마지막으로 기도할 시간을 주겠다."

간수가 내 눈을 가리고 내 얼굴을 하얀 종이로 덮었다. 나는 조용히 기도를 올렸다.

잠시 후 날카로운 목소리가 들렸다.

"집행!"

그 말이 끝나자마자 내가 앉은 의자가 마루 밑으로 덜커덩 떨어졌다. 밧줄이 내 목을 졸랐다. 고통스러운 순간은 찰나였다. 그로써 동양 평화를 염원하던 이승에서의 내 삶이 영원히 끝났다.

오늘, 대한민국

107년 전 그날, 나는 초연하게 죽음을 받아들였다.

세상에 태어나 젊은 피가 끓는 장부의 나이에 죽기를 바라는 자가 어디 있겠는가. 그러나 나는 조금의 두려움이나 망설임을 품지 않았다. 내 목숨보다는 내 나라의 독립을 위해, 내 가족보다는 내 동포들의 안녕과 평화를 위해, 나라를 빼앗긴 민족의 고난과 설움을 알기에 동양 평화를 깊이 염원하면서 하나뿐인 내 젊디젊은 목숨을 기꺼이 바쳤다.

내 육신과 영혼이 분리된 후, 안중근이란 이름으로 이승에서 숨을 쉬며 살았던 만 서른한 해의 짧은 생애를 다시 돌아보았다.

나를 죽인 일본은 나에 관한 모든 증거와 자료를 철저하게 숨기고 있다. 내가 마지막으로 정리한 자서전 《안응칠 역사》도 끝내 진본은 내놓지 않고 있다. 내가 쓰다 만 《동양평화론》 진본도 일본 정부는 공개하지 않고 있다.

그러나 진실은 반드시 드러나게 되어 있다. 나를 기억하고 흠모하는 사람들의 손에서 손으로 필사되어, 《안응칠 역사》와 《동양평화론》은 이미 세상에 알려진 지 오래다. 일본이 진본을 세상에 내놓지 않는 것은 저들이 저지른 죄가 세상에 드러나는 것이 두렵기 때문이다. 그뿐인가. 일본인들은 오늘날까지도 내가 묻힌 자리를 철통같이 숨기고 있다.

내가 죽고 난 후, 내 영혼은 가족들이 유랑의 길에서 비참하게 떠도는 모습을 속절없이 지켜보아야 했다. 내 어린 아들의 허망한 죽음과, 낯선 땅을 헤매다 결국 낯선 땅에서 돌아가신 내 어머니와 아내와 동생들을 그저 바라보아야만 했다. 내 가족은 낯선 이국땅에서 조국 광복을 위해 싸우다가 여름날 잠시 맺혔던 아침이슬이 햇살에 스러지듯 그렇게 모두 나처럼 떠도는 영혼이 되었다.

나는 뤼순의 하늘에서 똑똑히 지켜보았다. 대동아공영이란 허울 좋은 이름으로 아시아를 집어삼킨 이토 히로부미의 망령과 그 추종자들이 선한 내 조국을 짓밟고 평화를 짓이겼으며, 내 동포들을 낯선 땅에 끌어다 고혈을 빨아먹고 내동댕이치는 비극을, 나는 영혼의 가슴을 치며 지켜보았다.

아시아의 수많은 사람을 전쟁터로 몰아넣고, 끔찍한 고통을 안긴 피의 대가로 일본 히로시마가 갈기갈기 찢어져 분노의 흙이 하늘로 치솟으며 울부짖고, 나가사키의 땅이 뒤집히며 버섯구름이 허공에서 소용돌이치는 참상을, 나는 영혼의 눈물을 흘리며 지켜보았다.

아, 슬프다. 내가 외치던 동양 평화는 어디로 갔으며, 어찌하여 내 조국은 온전한 독립을 이루지 못하고 두 동강이 난 것인가. 내가 돌아가고 싶은 내 조국은, 반 토막의 조국이 아니다. 상처 난 허리가 온전히 이어지고 남북이 하나 된 온전한 내 조국이어야 한다. 그때가 되면 내 육신은 조국의 품에 온전히 안겨 내 고향 해주에도 자유롭게 오가고, 백두산 천지에서 한라산 백록담까지 단숨에 날아다니고 싶다.

지금 내가 그렇게도 바랐던 내 조국이 광복을 맞이한 지도 어느새 72년이 되었다. 내가 천국에서 춤을 추겠다고 유언했던 조국 광복을 맞던 날, 내 간절한 바람은 내가 태어난 땅에서 함께 기뻐하며 춤추는 것이었다. 그러나 나는 반쪽 춤을 출 수밖에 없었다. 내 육신은 여전히 뤼순의 땅속에 묻혀 있기 때문이었다.

동포여! 내 사랑하는 동포여! 어찌하여 내 육신을 아직도 이 치욕의 땅에 버려두는가. 뤼순, 그 땅에도 제국주의 망령들이 물러가고 평화의 물결이 너울거리는데, 나는 지금도 뤼순의 하늘을 떠돌고 있다.

해마다 나를 기억하는 사람들이 뤼순에 찾아와 내 백골이 묻힌 곳을 애절하게 찾는다. 나는 그들을 지켜볼 때마다 뜨거운 위로를 받으며, 내 영혼의 빛을 잃지 않으려고 노력한다. 나를 기억하고 내 백골을 조국으로 옮겨가려는 사람들마저 없었다면, 나는 영혼의 빛을 온전히 잃어버렸을지도 모른다.

나는 언젠가는 반드시 내 조국으로 돌아가리라는 염원이 이루어질 것을 믿는다.

나를 잊지 않는 사람들, 나를 사랑하는 사람들, 그들은 나처럼 평화를 사랑하는 사람들임을 나는 안다. 선한 백성이 사는 나라 대한민국. 나는 오늘도 기다린다. 내 나라 백성이 평화를 사랑하는 한, 두 동강 난 내 조국은 머지않아 하나가 될 것이다. 또한 내 염원대로 내 조국은 동양 평화를 선도하리라고 굳게 믿는다.

그날이 오면 동양의 하늘을 훨훨 날면서 나는 마땅히 춤추며 '대한민국 만세! 동양 평화 만세!'를 부를 것이다.

작가의 말

안중근 의사의 마지막 유언이 꼭 이루어지기를 기도하며

2014년, 나는 국내에 거의 알려지지 않은 러시아 연해주 독립운동의 대부 최재형의 일대기인 《독립운동가 최재형》을 썼다. 그 책을 쓰는 동안, 안중근 의사와 최재형이 연해주를 중심으로 한 항일독립운동사에서 불가분의 관계였다는 사실을 알게 되었다.

나는 그 후, 안중근 아카데미에서 강의를 들으며 격동하는 구한말 동북아 정세와 안중근 의사의 사상에 관해 심도 있게 배울 수 있었다. 또한 중국의 하얼빈과 뤼순을 돌아보면서 안중근 의사의 평화사상에 매료되었고, 그의 애국정신과 동양 평화 사상을 한층 더 깊이 이해할 수 있었다.

안중근 의사는 근본적으로 평화주의자였다. 그런 그가 항일 전선에서 싸우고, 하얼빈에서 이토 히로부미를 처단한 것은 이토가 우리 민족의 평화와 독립을 강제로 침탈하고 동양 평화를 교란한 평화의 파괴자였기 때문이었다.

안중근 의사는 거사 후 심문을 받으면서, 자신은 대한의군 참모중장 자격으로 동양 평화와 대한제국 독립의 원흉인 이토 히로부미를 처단했으며, 이토가 저지른 범죄 열다섯 가지를 당당하게 밝혔다. 그러므로 독립전쟁을 벌이다 체포된 포로에 걸맞게 만국공법을 적용해 자신을 재판하라고 요구했다. 더욱이 당시 하얼빈이 일본과 한국 땅이 아닌 러시아의 조차지였으므로, 안중근 의사는 당연히 만국공법에 따라 재판을 받아야 마땅했다.

그러나 이미 을사늑약으로 대한제국의 외교권을 손에 쥔 일본은 안중근 의사가 한국인이라는 이유로 일본 법정에 세웠다. 그뿐만 아니라 안중근 의사가 이토 히로부미를 개인적으로 미워해서 살인했다며 단순 범죄자로 몰아 일본 법을 적용한 불법 재판으로 안중근 의사에게 사형을 선고했다.

일본은 안중근 의사의 사형을 집행한 후, 가족에게 마땅히 돌려주어야 할 그의 시신을 비밀리에 매장했다. 오늘까지도 안중근 의사가 매장된 장소를 숨기고 있다. 자신을 하얼빈 공원 곁에 묻어두었다가 조국 독립 후 고향에 옮겨 묻어달라는 안중근 의사의 마지막 유언조차 일본은 강압적으로 무시한 것이다. 당시 안중근 의사의 시신을 돌려주지 않은 것은 그가 묻힐 하얼빈 공원이 항일 투쟁의 성지가 될 것을 우려했기 때문이었다.

일본은 현재까지도 안중근 의사의 유해는 물론, 안중근 의사가 옥중에서 쓴 《안응칠 역사》와 《동양평화론》 진본도 공개하지 않고 있다. 다행스럽게도 필사본이 발견되긴 했지만 진본도 꼭 찾아야 하고, 무엇보다 유해를 꼭 찾아 조국으로 모셔 와야 안중근 의사의 진정한 후손이라고 말할 수 있을 것이다.

안중근 의사가 순국한 지 올해로 107년이다. 나는 이 책《안중근의 마지막 유언》을 쓰는 동안, 마음속으로 안중근 의사에게 부끄러운 후손이란 자괴감을 떨칠 수가 없었다. 과연 안중근 의사의 영혼이 오늘의 대한민국을 본다면 무슨 생각을 할 것이며, 얼마나 통탄할까를 생각하면 무척이나 안타깝고 부끄럽다.

지금까지 안중근 의사에 관한 도서들이 여러 권 출간되었다. 그런데도 한 권을 더하는 것은, 행동하는 양심을 가진 안중근 의사의 생애를 통해 나라 사랑 정신과 동양 평화 사상을 돌아보고, 당시 동북아 정세에서 그의 활동과 투쟁 전체를 다시금 조명해보고 싶었기 때문이다. 또한 안중근 의사가 독립운동을 위해 목숨을 바칠 것을 결의할 수밖에 없었던 국내외 상황, 러일전쟁 후 심각한 재정난을 해결하기 위해 이토 히로부미를 만나 동청철도를 매각할 수밖에 없었던 제정러시아의 재무대신 코코프체프의 심회, 대륙 진출을 꿈꾸며 동양 평화를 거짓으로 내세우고 동북아시아를 집어삼키려던 이토 히로부미의 야심, 대한의군 참모중장으로서 적국의 수장을 처단하고 포로가 된 안중근 의사를 국제법으로 재판하지 않고 한낱 개인 증오 범죄로 치부하며 재판을 조작한 일본 법정의 저열함, 또 안중근 의사를 사형시킨 후에 벌어진 뤼순 감옥 일본 관리들의 가소로운 작태 등에 관해서도 낱낱이 파헤쳐보고 싶었다.

나는 안중근 의사의 자서전인 《안응칠 역사》를 재구성하면서 당시 러시아 연해주 독립운동의 구심점이었던 동의회와 대한의군에 관한 내용이 전혀 없다는 사실에도 주목했다.

1908년 4월, 항일 독립운동을 위해 최재형을 중심으로 동의회가 결성되었는데, 이때 안중근 의사는 의병부대 우영장으로 선출되었다. 국내에서 교육 활동에 전념하다 직접 항일투쟁을 하겠다는 큰 뜻을 품고 국외로 간 안중근 의사에게 동의회의 일원이 된 것과 최재형의 지원으로 항일 전투에 나섰던 부분은 그의 생애에서 대단히 중요한 일이었다. 그 후 동의회가 양반 출신인 이범윤의 창의회와 천민 출신인 최재형을 따르는 동의회로 나뉘었을 때도, 안중근 의사는 최재형 파의 동의회에 남아 항일투쟁을 계속했다. 그런데도 자서전에 최재형이나 동의회에 관한 언급이 전혀 없는 것은, 안중근 의사가 연해주 독립운동단체와 최재형을 보호하기 위해 이를 철저하게 숨긴 것으로 보인다.

안중근 의사와 최재형의 관계는 무척 긴밀했던 것 같다. 블라디보스토크의 한인신문이었던 〈대동공보〉는 안중근 의사의 하얼빈 의거 성공을 신속하고 자세하게 보도했는데, 〈대동공보〉의 사장이 바로 최재형이었다. 안 의사와 최재형의 관계를 뒷받침하는 일본의 첩보 자료도 있다. 안 의사가 뤼순 감옥에 있는 동안, 안 의사의 두 동생 정근과 공근이 최재형이 사는 얀치혜에 자주 오갔고, 안 의사의 부인과 아이들도 최재형의 집에 머물렀다고 한다.

안중근 의사가 법정에서 대한의군 총사령관이라고 밝힌 '김두성'도 실존 인물이 아니라, 배후를 숨기기 위해 만든 가공의 인물로 여겨진다. 현재 대다수 역사학자도 '김두성'이 당시 러시아 항일운동의 중심이었던 최재형일 것으로 보고 있다. 나는 이 책에서 안중근 의사와 최재형, 동의회의 관계를 작가적 상상력을 발휘해 그려냈다. 《안응칠 역사》에 쓰이지 않은 숨겨진 진실에 접근해 보려고 노력했다.

일본은 지금도 수많은 사실들을 숨긴 채 거짓으로 일관하고 있다. 그러나 역사의 진실은 반드시 드러날 것이라 믿는다. 양심이 살아 있는 일본인들은 안중근 의사가 일본이 조작한 불법 재판의 희생자라는 사실을 잘 알고 있다. 해마다 안중근 순국기념일에 사죄하는 마음으로 안중근 기념관을 찾아오는 일본인들이 무척 많다. 이들은 일본인이면서도 안중근 의사에 대한 양심의 가책을 느끼는 용기 있는 분들이다. 지금 동북아 정세는 안중근 의사가 동양 평화를 이루려던 때와 너무도 흡사하게 돌아가고 있다. 이럴 때일수록 진정한 역사의 교훈을 되새기며 안중근 의사의 동양 평화 정신을 본받아야 할 때라고 생각한다. 이 글을 쓰기까지 많은 자료와 조언으로 도움을 주신 안중근 연구위원 김월배 교수님께 진심으로 감사를 드린다.

안중근 의사 순국 107년을 맞으며
문영숙

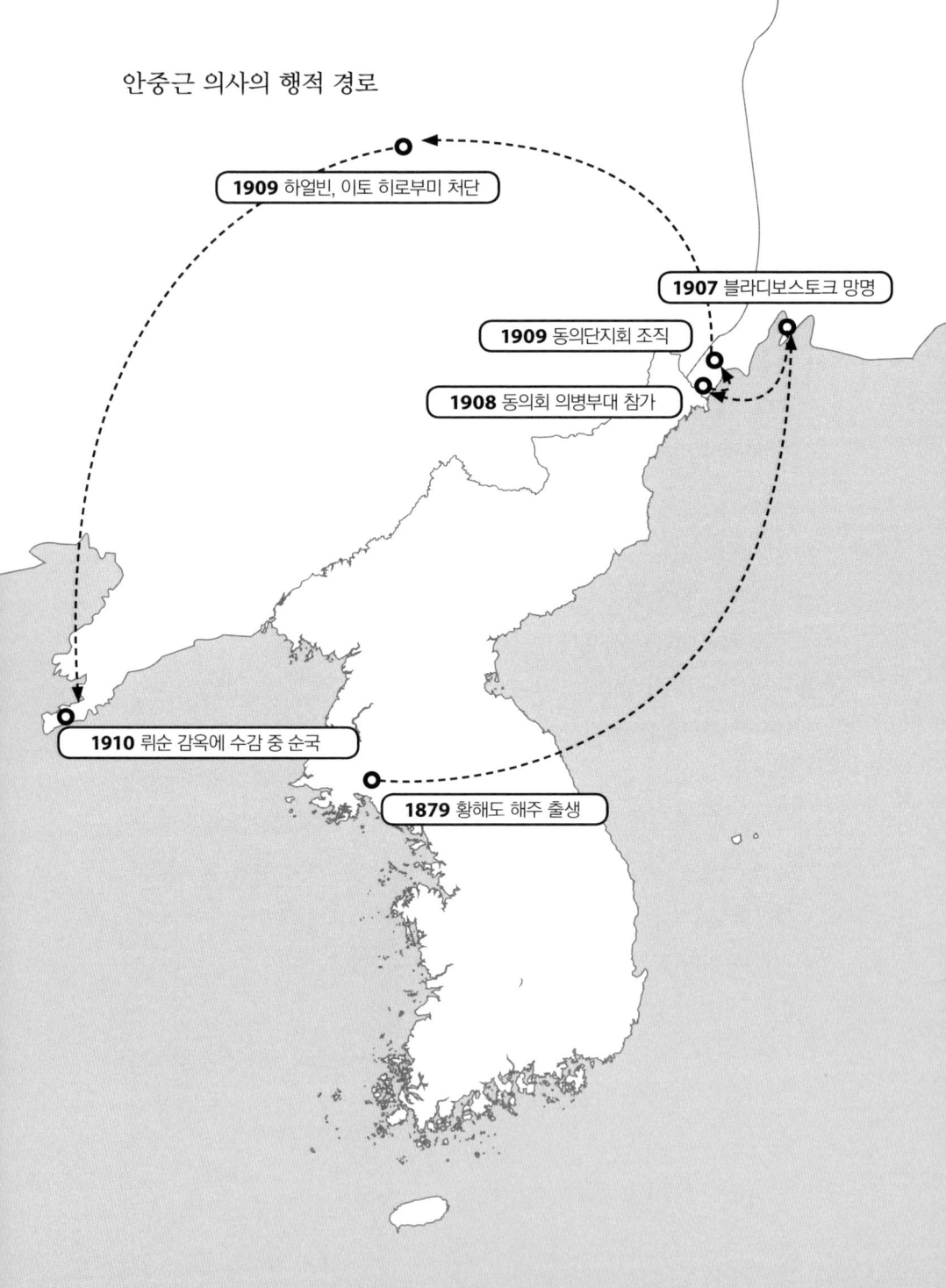

안중근 연보

1세 1879년
- 9월 2일 황해도 황해도 해주부 광석동에서 아버지 안태훈, 어머니 조마리아의 맏아들로 태어남.

6세 1884년
- 갑신정변.
- 온 가족이 황해도 신천군 두라면 청계동으로 이주함.
- 할아버지 안인수가 세운 서당에서 한학 교육을 받음.

16세 1894년
- 동학농민운동. 청일전쟁. 갑오개혁.
- 김아려와 결혼함.

17세 1895년
- 을미사변.

18세 1896년
- 아관파천.

부인 김아려와 아이들

19세 1897년
- 대한제국 수립.
- 아버지 안태훈을 비롯한 모든 가족이 천주교 빌렘 신부(한국 이름 홍석구)에게 세례를 받음. 안중근의 세례명은 도마.

21세 1899년
- 전 참판 김중환이 빌려간 옹진 군민의 돈 5,000냥을 되찾기 위해 옹진군 총대로 선출됨.
- 채표회사 만인계의 사장이 됨.

빌렘 신부

27세 1905년
- 을사늑약.
- 독립운동을 위해 중국 산둥 반도와 상하이 등을 돌아봄.
- 아버지 안태훈이 돌아가시자 고향으로 돌아옴.
- 맏아들 분도 태어남.

28세 1906년
- 온 가족과 함께 황해도 진남포 용정동으로 이주함.
- 삼흥학교를 설립하고 돈의학교를 인수하여 교육에 힘씀.

29세 1907년
- 광무황제(고종) 강제 퇴위. 한일신협약(정미7조약) 체결. 헤이그특사사건.
- 국채보상운동에 적극적으로 참여함.
- 아버지 친구 김 진사의 권유로 북간도를 거쳐 러시아 블라디보스토크로 감.
- 계동청년회에 가입하고 임시 사찰로 활동함.
- 엄인섭, 김기룡과 의형제를 맺음.

30세 1908년
- 〈해조신문〉에 '인심결합론'을 발표.
- 러시아 항일독립운동단체인 동의회 회원이 됨(총장 최재형, 부총장 이범윤, 회장 이위종, 부회장 엄인섭).
- 동의회 의병부대의 우영장으로 국내 진공 작전에 참가해 일본군과 전투를 벌임.

31세 1909년
- 러시아 크라스키노에서 김기룡 등 열한 사람과 단지동맹을 결성함.
- 10월 26일 9시 30분 하얼빈 역에서 이토 히로부미에게 총을 발사하여 명중시킴. 10시에 이토 히로부미가 죽음.

〈해조신문〉에 실린 '인심결합론'

의거 당일 하얼빈 역에 내리는 이토 히로부미 (위)
이토 히로부미를 총살하는 안중근 (박영선 화백) (아래)

손가락을 자른 안중근 (위)
혈서로 대한독립이라고 쓴 태극기 (아래)

32세 1910년

- 2월 14일 오전 10시, 뤼순 관동도독부 고등법원 1호 법정에서 사형 선고를 받음.
- 3월 15일 자서전 《안응칠 역사》 완성.
- 《동양평화론》을 씀. 미완성.
- 3월 26일 오전 10시, 뤼순 감옥에서 순국. 옥중 유묵 200여 점을 남김.
- 경술국치(한일병합조약).

관동도독부 1호 법정 (위)
관동도독부 감옥서 (아래)

관동도독부 지방법원으로 가는 길

빌렘 신부에게 고해성사하는 안중근

* 사진 출처: 안중근의사 기념관